财政部规划教材

全国高等院校会计系列教材

会计学原理模拟实训

杨明　李萍　常茹　主编

中国财经出版传媒集团
中国财政经济出版社

图书在版编目（CIP）数据

会计学原理模拟实训/杨明，李萍，常茹主编．—北京：中国财政经济出版社，2018.6（2023.2重印）
财政部规划教材　全国高等院校会计系列教材
ISBN 978－7－5095－8239－8

Ⅰ.①会…　Ⅱ.①杨…②李…③常…　Ⅲ.①会计学－高等学校－教材　Ⅳ.①F230

中国版本图书馆CIP数据核字（2018）第097779号

责任编辑：钱红叶　　　　责任校对：胡永立
封面设计：孙俪铭

中国财政经济出版社出版
URL：http：//www.cfeph.cn
E－mail：cfeph@cfeph.cn

社址：北京市海淀区阜成路甲28号　邮政编码：100142
营销中心电话：010－88191537　北京财经书店电话：64033436　84041336
三河市宏图印务有限公司印刷　各地新华书店经销
787×1092毫米　16开　13.5印张　328 000字
2018年8月第3版　2023年2月河北第3次印刷
定价：36.00元
ISBN 978－7－5095－8239－8
（图书出现印装问题，本社负责调换）
本社质量投诉电话：010－88190744
打击盗版举报热线：010－88191661　QQ：2242791300

编写说明

本书系财政部规划教材、全国高等院校会计系列教材。

《孟子·万章下》记载：孔子尝为委吏矣，曰“会计当而已矣”。长期以来，虽然会计学术界对“会计当而已矣”阐述有多种不同的理解，但是对于会计的实践性是毋庸置疑的。会计是一门实践性很强的学科，会计学原理又是会计学科和经济管理类的公共基础课程，为了适应高校会计教学体系中理论课程偏多、实践课程偏少、实践实训教材缺乏的现状，有助于学生更好地学习会计学原理课程，我们组织编写了财政部规划教材——《会计学原理》的相关配套的《会计学原理模拟实训》教材，以满足高等院校和各类社会经济管理人才培养和学习的需要。

本模拟实训教程秉承章节全面、内容精练的思想，全书共六章，主要介绍了会计学原理实训的要求和实训过程说明，接下来结合会计学原理课程内容，介绍原始凭证的模拟实训、记账凭证的模拟实训、会计账簿的模拟实训，以及财务报告编制等模拟实训内容。并且结合国家“大众创业、万众创新”的号召，让学生增加和扩展财经实践知识面，我们特意编写了会计基本岗位与新办企业申办设立业务流程、财经基本知识和基本技能等章节，主要介绍了新创办企业申办设立业务流程，会计基本岗位的设置，点钞的知识和技能，人民币真假的辨别和残伪钞的处理，以及最新的税务处理业务知识和我们的国粹——珠算知识等内容，为学生日后就业打下坚实的基础。

同时，本教材还在最后增加了附录，将主要经济业务的会计原始凭证集中在书后，方便实验实训课程学生裁剪粘贴，又不破坏整本教材的内容，方便学生使用；并且附上主要经济业务的参考答案，即会计分录；还将会计规范书写要求中单个阿拉伯数字练习表若干页也附在书后附录中，目的就是方便学生的课堂和课后练习使用。

本模拟实训教材由杨明、李萍、常茹编著，杨明、李萍负责大纲的拟订，常茹、杨明对全书进行了复核和修订；常茹、李萍负责对本模拟实训涉及的经济业务进行编写。本模拟实训教材参考了国内兄弟院校会计同仁编写的相关教材和资料，并得到中国财政经济出版社的大力支持，在此一并表示深深的感谢。由于时间仓促，水平有限，疏漏或不足之处在所难免，欢迎读者批评指正。

编　者

2018 年 6 月

目录

第一章 *DIYIZHANG*

会计学原理实训要求和说明

一、会计学原理实训目的和意义

会计学原理模拟实训是会计学原理课程课堂理论教学的延续，也是会计岗位工作的模拟演练。通过会计学原理模拟实训，使学生对某一会计主体在某一时期内发生的实际经济业务，按真实的会计核算的要求，结合课堂所学理论知识，完成基本会计手工业务的全流程模拟，从审核、填制原始凭证开始，到审核并填制记账凭证，然后登记账簿，最后编制会计报表等仿真模拟企业会计核算工作。

同时，又针对现阶段企业单位中真实业务的需要，补充介绍了新创办企业申办设立业务流程，会计基本岗位的设置，出纳点钞的知识和技能，人民币真假辨别和残伪钞的处理，以及最新的税务处理业务基本知识，还有世界非物质文化遗产、我们的国粹——珠算的基本知识等内容。

通过本会计学原理模拟实训教程，使学生全面巩固课堂理论知识的学习，增强感性认识，为会计专业其他相关课程的学习和岗位工作实践打下基础。同时，能够进一步使学生掌握会计核算的基本技能，提高学生动手动脑的能力，包括审核原始凭证的能力、填制记账凭证的能力、设置登记各类账簿的能力、编制财务报表的能力、账目稽核能力以及一些财经、税务、工商管理等实际会计诸岗位知识技能的锻炼能力。从而培养在校学生认真细致、一丝不苟的学习风气，以及理论联系实践的学习态度，并且使学生会计、财经、税务等相关知识形成立体化的系统，为学生日后的学习和工作起到更好的铺垫作用。

二、会计学原理实训要求和说明

会计学原理模拟实训要求每个学生必须根据实训步骤和流程，把所有单项和综合的实训内容进行练习，既可以单独练习，也可以按照会计主要岗位分组练习，结合模拟企业经济业务，按照所学会计工作理论的要求，按流程操作，最终把证、账、表资料装订成册，形成实训成果。

此外，还需要学生掌握新创办企业申办设立业务流程、会计基本岗位的设置要求、出纳点钞的知识和技能，人民币真假的辨别和残伪钞的处理，以及最新的税务处理业务基本知识和珠算的基本知识等内容。具体要求如下：

1. 会计实训相当于实际工作过程，因此，应按照会计核算的具体要求，依次做好会计凭证的填制、账簿的登记和会计报表的编制工作。

2. 实训所用的各种凭证、账簿和报表一律使用国家统一会计制度要求使用的格式。凭证账簿、报表上所列的项目要按规定填写清楚、完整。

3. 进行实训时，必须正确理解原始凭证所反映经济业务的具体内容，在进行认真思考确认无误后方可进行具体处理。为了防止出现错误和遗漏，做完后应认真加以检查和复审。

4. 在填制会计凭证、登记账簿和编制会计报表时除按规定必须使用红墨水书写外，所有文字、数字书写都应该使用蓝（黑）墨水笔书写，不准使用铅笔和圆珠笔（复写凭证除外）。

5. 在实训过程中，文字和数字书写要规范、正确、整洁、清楚、流畅，对于出现的账务处理错误，应按规定的方法更正，不得任意涂改，刮擦挖补。

6. 在实训过程中，需要了解和掌握新创办企业的申办设立业务流程的相关知识和基本技能。

7. 在实训过程中，需要了解和掌握企事业单位会计基本岗位的设置要求和基本技能。

8. 在实训过程中，需要了解和掌握企事业单位出纳点钞的知识和技能。

9. 在实训过程中，需要了解和掌握人民币真假辨别的相关知识和技能。

10. 在实训过程中，需要了解和掌握人民币的残伪钞处理的相关知识和技能。

11. 在实训过程中，需要了解和掌握最新的税务处理业务基本知识和基本技能。

12. 在实训过程中，需要了解和掌握珠算的基本知识和基本技能。

三、会计学原理实训内容及能力标准

依据会计学原理实训目的和意义以及会计学原理实训的要求和说明，将总结和制定出会计学原理实训内容及能力标准。

会计学原理实训的内容及能力标准共分为十一大项，包括期初建账、填制和审核原始凭证、填制和审核记账凭证、登记明细分类账、编制科目汇总表、登记总分类账、对账与结账、编制财务报表、装订归档、财经基本知识和基本技能、实训总结等内容。具体内容和应达到的能力标准在表1－1中已经列示清楚。

表1－1

序号	项目名称	主要内容	应达到的能力标准
1	期初建账	1. 建明细分类账	能正确开设总分类账、明细分类账、现金日记账和银行存款日记账
		2. 建总分类账	
		3. 建日记账	
2	填制和审核原始凭证	1. 根据有关经济业务填制原始凭证	能正确填制和审核原始凭证
		2. 审核原始凭证	
3	填制和审核记账凭证	1. 根据有关经济业务填制记账凭证	能正确填制和审核记账凭证
		2. 审核记账凭证	
4	登记明细分类账	根据经济业务登记明细分类账	能准确无误地登记明细分类账
5	编制科目汇总表	1. 根据记账凭证设“T”型账户，登记账户的合计数	能准确无误地编制科目汇总表
		2. 将合计数填入科目汇总表中	

续表

序号	项目名称	主要内容	应达到的能力标准
6	登记总分类账	根据科目汇总表登记总分类账	能准确无误地登记总分类账
7	对账、结账	1. 在各种账簿中进行对账	能对各种账簿进行对账和结账
		2. 对各种账簿进行结账	
8	编制财务报表	1. 编制资产负债表	能正确编制资产负债表和利润表
		2. 编制利润表	
9	装订归档	1. 整理凭证、账本、报表	能准确整理和装订凭证、账本、报表，并归档管理
		2. 装订凭证、账本、报表	
		3. 将会计资料归档管理	
10	财经基本知识和基本技能	1. 新创办企业申办设立业务流程	能了解和掌握财经基本知识和基本技能
		2. 会计基本岗位的设置	
		3. 出纳点钞的知识和技能	
		4. 人民币真假的辨别和残伪钞的处理	
		5. 最新的税务处理业务基本知识	
		6. 珠算的基本知识	
11	实训总结	撰写实训总结	能根据实训情况撰写实训总结

希望通过会计学原理实训教程的练习与操作，使学生了解和掌握会计实务界的相关基本操作知识和技能，全面了解会计的真实全貌，从而完善学生整体会计知识体系。

四、会计规范书写要求和标准

（一）数字书写整体要求和标准（见图 1－1、图 1－2）

图 1－1

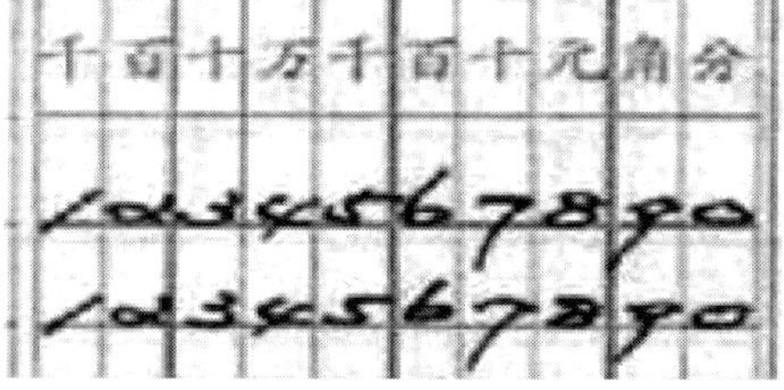

图 1－2

1. 顺序书写

书写数码字时，笔画顺序应该自上而下、先左后右，防止写倒笔字。

2. 倾斜书写

书写数码字时一般要求数码字上端向右倾斜，以45°～55°左右的水平倾斜角为宜。一组数码字的书写，应保持各个数码字的倾斜角度一致，自然美观。

3. 字位适当

会计核算中，数字的书写范围通常被限定在格子中间，因此要选择适当的位置。首先要左右适当，即要求每个数字的中部大体位于格距的1/2的两条对角线焦点上，不宜过于靠左或者靠右。然后要高度适当，也就是数字的高度一般要求占全格的1/2为宜，过大可能会产生数字交叉模糊，过小可能会因不清晰而影响阅读。而且应该预留部分用于更正错误的位置。最后是间距适当，使每个数字要求大小一致，排列应保持相等距离，上下左右要对齐。

（二）单个数字书写要求和标准

阿拉伯数字，即数码字是世界各国通用的数字，数量有10个：0、1、2、3、4、5、6、7、8、9，笔画简单、书写方便、应用广泛，必须规范书写行为，符合手写体的要求。其标准写法如图1－3所示。

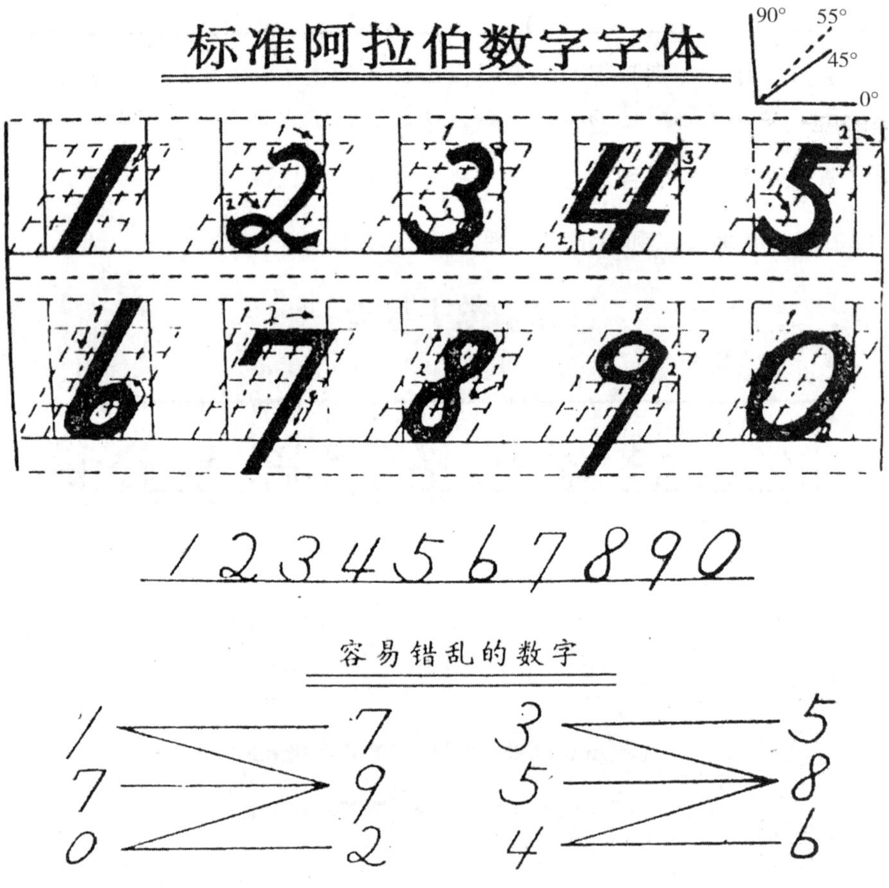

图1－3　阿拉伯数字书写

书写过程中需要注意以下几点：

“1”字，不能比其他数字短，且应写在中间位置，以免篡改。

“2”字，不能写成“z”，以免改作3。

“3”字，要使起笔处到转弯处距离稍长，不应太短，同时转弯处要光滑，避免误认为5。

“4”字，要写成死折，使其不易改作6。

“5”字，短横与“称钩”必须明显，以防与8混淆。

“6”字，起笔要升至上半格1/4处，下圈要明显，使其不易改作4或8；

“7”字，上段一横要既明显又平直，拐角不得圆滑，与1和9相区别，并且落笔稍长，略出行。

“8”字，要注意上下两圈明显可见，且上圈比下圈稍小。

“9”字，小圈要闭合，并且一竖要稍长，略出行，使其不得与“4”混淆。

“0”字，不要写得过小，并且要闭合，以免改作9。

（三）小写金额的书写要求和标准

1. 没有数位分割线的凭证、账、表书写标准

（1）阿拉伯数字应当从左到右，从高位至低位一个一个地写，不得连笔。

（2）阿拉伯数字前面应当书写货币符号或者货币名称简写（人民币符号为：¥），货币符号和数字之间不得留有空白。写符号后，数字后面不再写货币单位。

（3）所有以元为单位的数字，除表示单价外，一律写到角分；无角分的，写“00”代替，或 用符号“—”代替；有角无分的，不可用符号“—”代替分位。

（4）三位一节，即将金额整数部分从小数点向左按“三位一节”用“,”分开，或留1/4空白隔开，以便于读数、分清大小和汇总计算。

2. 有数位分割线的凭证、账、表书写标准

（1）对应固定的位数填写，每一个格子只能写一个数码字，不得几个数码字挤在一个格子里，也不得在数码字中间留有空格，不得错位，不得连写。

（2）在金额前一格应当书写货币符号或者货币名称简写。

（3）如果“角”“分”栏无金额，应以“0”补位，也可在格子中间划一短横线代替，不得为空；如果金额有角无分，则应在分位上写“0”，不得在格子中间划一短横线代替。

（四）中文大写的书写要求和标准

中文大写数字主要包括零、壹、贰、叁、肆、伍、陆、柒、捌、玖、拾、佰、仟、万、亿、元、角、分、整（正）。

1. 中文大写票据日期的书写要求

由于银行票据存在有效期，银行票据的出票日期必须使用中文大写，为了防止变造票据的出票日期，在填写月、日时，应当注意：月为1、2、10，日为1～9、10、20、30前面必须加“零”；月为10、11、12，日为11～19前必须加“壹”。如：

2018年2月15日应写成：贰零壹捌年零贰月壹拾伍日

2020年10月20日应写成：贰零贰零年零壹拾月零贰拾日

2. 中文大写金额书写要求

（1）标明货币名称。中文大写金额数字前应标明“人民币”字样，不得留有空白。如果未印货币名称，应当自行添加货币名称。

（2）书写规范。书写一律使用正楷或者行书，不得使用简化字，不得自造简化字。

（3）正确运用“整（正）”。中文大写金额数字到“元”为止的，应当加上“整（正）”；中文大写金额数字到“角”为止的，可加可不加；中文大写金额数字到“分”为止的，不加“整（正）”。如：

￥68.00 应写成：人民币陆拾捌元整

￥75.50 应写成：人民币柒拾伍元伍角（整）

￥95.45 应写成：人民币玖拾伍元肆角伍分

（4）关于“零”。数码金额数字之间连续几个“0”时，中文大写金额只写一个“零”；数码金额数字万位或者元位是“0”，但千位或者角位不是“0”时，中文大写“零”可写可不写。如：

￥80,005.00 应写成：人民币捌万零伍元整

￥2,300.52 应写成：人民币贰仟叁佰元（零）伍角贰分

（5）表示数位的文字（拾、佰、仟、万、亿）前必须有数字。如：

￥14.38 应写成：人民币壹拾肆元叁角捌分

（五）会计规范书写训练资料

资料一　单个阿拉伯数字练习表（见表1－2至表1－11）

表 1－2

姓名：________________

1 2 3 4 5 6 7 8 9 0

表 1－3

姓名：________

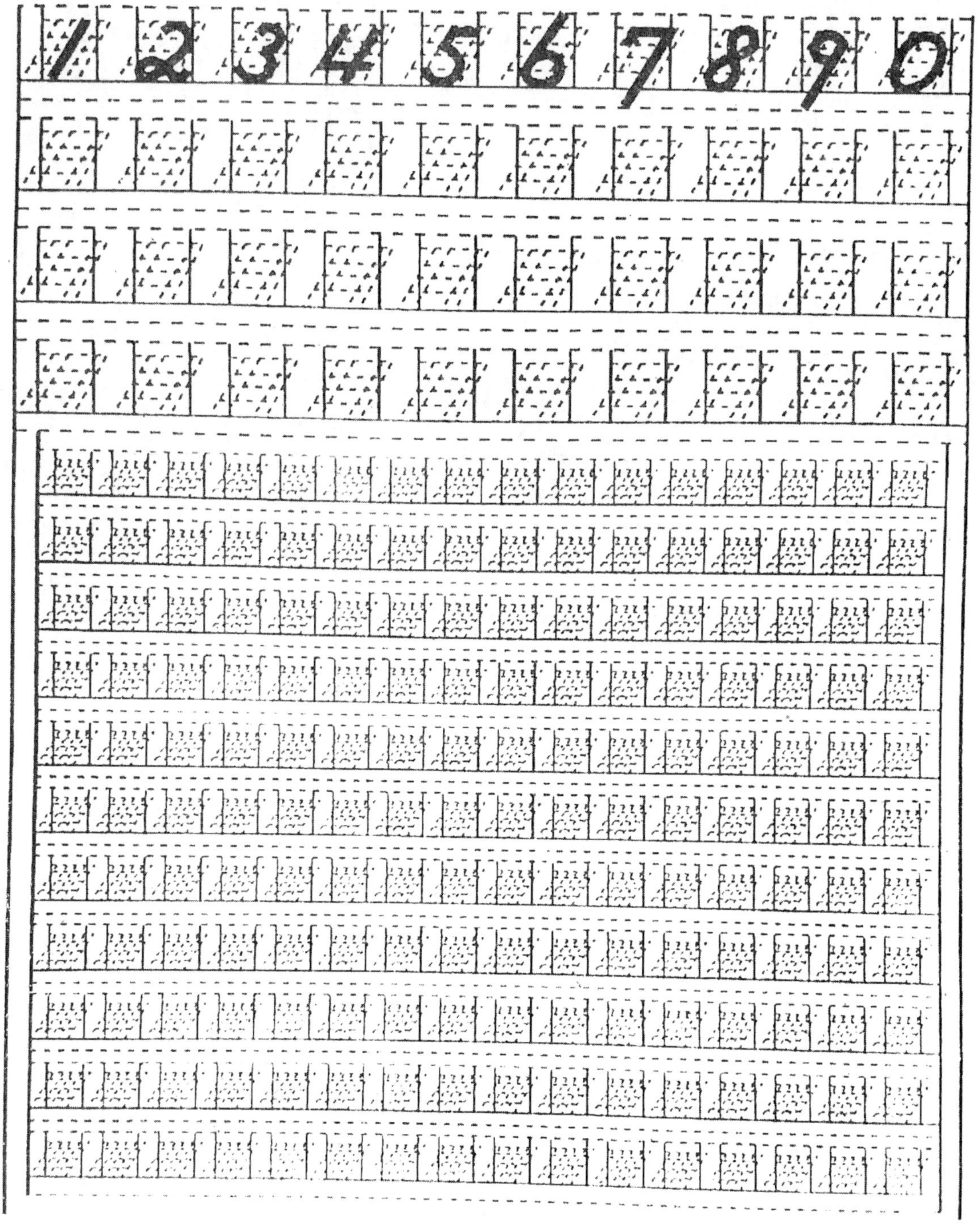

表 1－4

姓名：________

1 2 3 4 5 6 7 8 9 0

表 1－5

姓名：________

1 2 3 4 5 6 7 8 9 0

表 1－6

姓名：＿＿＿＿＿＿＿＿

1 2 3 4 5 6 7 8 9 0

表 1－7

姓名：______________

1 2 3 4 5 6 7 8 9 0

表 1－8

姓名：____________

1 2 3 4 5 6 7 8 9 0

表 1－9

姓名：________________

1 2 3 4 5 6 7 8 9 0

表 1－10

姓名：________________

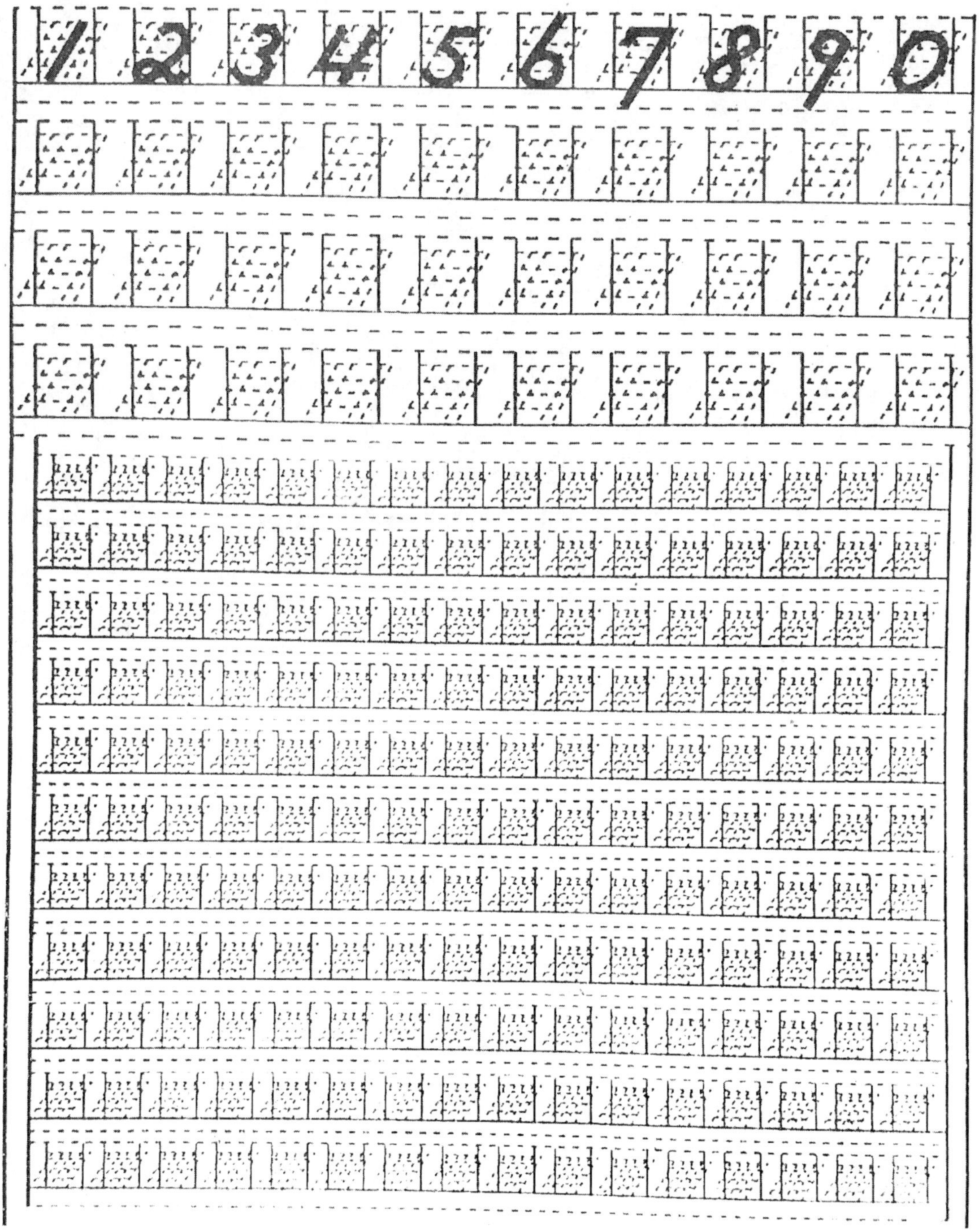

表 1 – 11

姓名：________________

1 2 3 4 5 6 7 8 9 0

资料二　单个大写数字练习表（见表 1－12 至表 1－16）

表 1－12

零	壹	贰	叁	肆	伍	陆	柒	捌	玖	拾	佰	仟	万	亿	元	角	分	整

表 1－13

零	壹	贰	叁	肆	伍	陆	柒	捌	玖	拾	佰	仟	万	亿	元	角	分	整

表 1－14

零	壹	贰	叁	肆	伍	陆	柒	捌	玖	拾	佰	仟	万	亿	元	角	分	整

表 1 – 15

零	壹	贰	叁	肆	伍	陆	柒	捌	玖	拾	佰	仟	万	亿	元	角	分	整

表 1－16

零	壹	贰	叁	肆	伍	陆	柒	捌	玖	拾	佰	仟	万	亿	元	角	分	整

资料三　中文大写票据日期练习表（见表 1－17 至表 1－21）

表 1－17

小写票据日期	大写票据日期
2018 年 01 月 07 日	
2019 年 02 月 15 日	
2020 年 03 月 10 日	
2021 年 04 月 29 日	
2022 年 05 月 30 日	
2023 年 06 月 11 日	
2024 年 07 月 18 日	
2025 年 08 月 22 日	
2026 年 09 月 02 日	
2027 年 10 月 24 日	
2028 年 11 月 16 日	
2029 年 12 月 23 日	
2030 年 02 月 04 日	
2031 年 03 月 13 日	
2032 年 04 月 17 日	
2033 年 05 月 14 日	
2034 年 08 月 31 日	
2035 年 10 月 28 日	
2036 年 11 月 19 日	
2037 年 12 月 20 日	

表 1－18

小写票据日期	大写票据日期
2018 年 01 月 07 日	
2019 年 02 月 15 日	
2020 年 03 月 10 日	
2021 年 04 月 29 日	
2022 年 05 月 30 日	
2023 年 06 月 11 日	
2024 年 07 月 18 日	
2025 年 08 月 22 日	
2026 年 09 月 02 日	
2027 年 10 月 24 日	
2028 年 11 月 16 日	
2029 年 12 月 23 日	
2030 年 02 月 04 日	
2031 年 03 月 13 日	
2032 年 04 月 17 日	
2033 年 05 月 14 日	
2034 年 08 月 31 日	
2035 年 10 月 28 日	
2036 年 11 月 19 日	
2037 年 12 月 20 日	

表 1 – 19

小写票据日期	大写票据日期
2018 年 01 月 07 日	
2019 年 02 月 15 日	
2020 年 03 月 10 日	
2021 年 04 月 29 日	
2022 年 05 月 30 日	
2023 年 06 月 11 日	
2024 年 07 月 18 日	
2025 年 08 月 22 日	
2026 年 09 月 02 日	
2027 年 10 月 24 日	
2028 年 11 月 16 日	
2029 年 12 月 23 日	
2030 年 02 月 04 日	
2031 年 03 月 13 日	
2032 年 04 月 17 日	
2033 年 05 月 14 日	
2034 年 08 月 31 日	
2035 年 10 月 28 日	
2036 年 11 月 19 日	
2037 年 12 月 20 日	

表 1－20

小写票据日期	大写票据日期
2018 年 01 月 07 日	
2019 年 02 月 15 日	
2020 年 03 月 10 日	
2021 年 04 月 29 日	
2022 年 05 月 30 日	
2023 年 06 月 11 日	
2024 年 07 月 18 日	
2025 年 08 月 22 日	
2026 年 09 月 02 日	
2027 年 10 月 24 日	
2028 年 11 月 16 日	
2029 年 12 月 23 日	
2030 年 02 月 04 日	
2031 年 03 月 13 日	
2032 年 04 月 17 日	
2033 年 05 月 14 日	
2034 年 08 月 31 日	
2035 年 10 月 28 日	
2036 年 11 月 19 日	
2037 年 12 月 20 日	

表 1-21

小写票据日期	大写票据日期
2018 年 01 月 07 日	
2019 年 02 月 15 日	
2020 年 03 月 10 日	
2021 年 04 月 29 日	
2022 年 05 月 30 日	
2023 年 06 月 11 日	
2024 年 07 月 18 日	
2025 年 08 月 22 日	
2026 年 09 月 02 日	
2027 年 10 月 24 日	
2028 年 11 月 16 日	
2029 年 12 月 23 日	
2030 年 02 月 04 日	
2031 年 03 月 13 日	
2032 年 04 月 17 日	
2033 年 05 月 14 日	
2034 年 08 月 31 日	
2035 年 10 月 28 日	
2036 年 11 月 19 日	
2037 年 12 月 20 日	

五、会计基本岗位与新办企业申办设立业务流程

（一）会计基本岗位

根据《会计基础工作规范》和有关制度的规定，会计工作岗位一般分为：基本会计岗位可分为：

（1）总会计师（或行使总会计师职权）岗位；

（2）会计机构负责人（会计主管人员）岗位；

（3）出纳岗位；

（4）稽核岗位；

（5）资本、基金核算岗位；

（6）收入、支出、债权债务核算岗位；

（7）工资核算、成本费用核算、财务成果核算岗位；

（8）财产物资的收发、增减核算岗位；

（9）总账岗位；

（10）对外财务会计报告编制岗位；

（11）会计电算化岗位；

（12）会计档案管理岗位（会计机构内会计档案管理）。

对于本岗位，在会计档案正式移交之前，属于会计岗位；正式移交档案管理部门之后，不再属于会计岗位。档案管理部门的人员管理会计档案，不属于会计岗位。

会计工作岗位可以一人一岗、一人多岗（但出纳人员不得兼管稽核、会计档案保管和收入、费用、债权债务账目的登记工作）、一岗多人。

（二）新办企业申办设立业务流程

新办企业设立一般要经过以下几个步骤办理：

1. 企业预名

（1）签订经营租赁合同租房。须提供真实的租房合同及租赁方的产权证明复印件，将住宅单元房作为办公使用需居委会及物业管理部门同意将住宅改变为经营性用房并盖章，如房屋位于乡镇、农村，需村委会提供证明文件加盖村委会印章。

（2）企业法人、股东、代理人身份证复印件，确定股东投资比例，注册资本多少万元等。企业负责人应根据企业实际办公地址所属所在地工商行政管理局提出申请，填制“企业（字号）名称预先核准申请表”，填写企业准备选取的公司名称，由工商行政管理局上网（工商局内部网）检索是否有重名，如果没有重名，预名成功，核发“企业（字号）名称预先核准通知书”。

2. 筹建准备

（1）刻私章及提供所有股东身份证复印件私章（私章一般为方形）。

（2）根据工商部门核发“企业（字号）名称预先核准通知书”在各地工商行政管理局官网填写提交申请资料。资料包括公司设立申请书及附表，附表信息包括法定代表人信息，董事、监理、经理信息，股东（发起人）出资情况，财务负责人信息，联络员信息。填好后，连同核名通知、公司章程、房租合同、房产证明复印件等一同交给工商行政管理局。

（3）领取营业执照。企业在办理完相关手续和流程后，大约3个工作日后可领取营业执照。

（4）刻制印章。企业凭营业执照原件及复印件，企业法人身份证原件及复印件到公安局指定印章处刻制企业公章，企业财务专用章，企业合同专用章，企业发票专用章，法人代表名章。

（5）办理机构信用代码证。企业办理机构信用代码证时，银行需要企业提供营业执照正本原件及复印件、法人身份证原件复印件。

（6）办理银行开户许可证。企业在办理银行开户许可证时，需要提供企业公章、企业财务专用章（因银行实行无纸化管理的企业只要提供上述资料），资料提供后3～5个工作日可领取银行开户许可证。

（7）办理税务登记。企业自领取执照后30日内到当地（国、地）税务局申请登记，申请登记需企业法人、财务负责人、企业办税人、3人带身份证原件在国税局进行实名采集信息（如：任何一个人员没有实名采集税务局不予企业申领发票）。

（8）申请领购发票。纳税人应该到主管地所在的国税局，领取并填写《纳税人领购发票票种核定申请表》一份，企业应同时提供《营业执照》（副本）原件及复印件、办税人身份证原件及复印件、企业公章及发票章，向主管税务机关领购发票。也可以登录企业所在省（市）的国家税务局电子税务局的网站申请领购发票业务。

六、模拟企业概况及财务政策

（一）模拟企业基本情况

东北电机有限公司是一家地处我国东北老工业基地——黑龙江省哈尔滨市的电机生产企业，属于同行业企业里中型规模。企业主要组装生产101型变频电机和102型变频电机，经国家税务部门认定本企业为增值税一般纳税人。

单位地址：黑龙江省哈尔滨市长江路590号

法人代表：年安明

会计主管：陈晓

会计：李文

出纳：王琳

邮政编码：150030

联系电话：0451—55191107

基本户：中国建设银行哈尔滨长江路支行

账号：35000950641052222863

纳税登记号：230100123456666

（二）模拟企业会计核算方法及管理制度

（1）东北电机有限公司的企业所得税税率25%，增值税税率16%，城市维护建设税税率7%，教育费附加率3%，地方教育费附加率2%。企业每月根据月末会计利润总额计提当月应交所得税，不进行纳税调整，次月15日前申报缴纳该月所得税及其他税项，年末进行所得税汇算清缴。

（2）东北电机有限公司的原材料发出采用月末一次加权平均法，库存商品发出采用先进先出法。

（3）东北电机有限公司的差旅费相关规定：按实际出差天数每天补助 300 元，当无住宿票时，只补助出行和归来 2 天。住宿费标准为每天 200 元。市内交通补贴按实际出差天数每天补贴 20 元。长途客车、火车、轮船飞机等票实报实销。

（4）东北电机有限公司的会计核算保留两位小数。

（5）东北电机有限公司的银行预留印章（见图 1－5、图 1－6）。

图 1－5

图 1－6

第二章 DIERZHANG

原始凭证实训

原始凭证是经济业务信息最初发生的载体，在会计核算业务中十分重要。通过本章实训训练，能够掌握主要常见的各种各类经济业务中所需的原始凭证，掌握其基本内容；能够较好地掌握各类常见的原始凭证的识别、填制的方法及操作流程；能够了解原始凭证的审核要点，以及审核结果的处理方法。

一、银行提现、转账、现金缴款业务原始凭证识别与填制

通过该实训训练，掌握提现、银行转账、现金缴款业务所需的原始凭证，掌握支票的种类、基本内容，能够识别支票，掌握支票、银行进账单的填制方法及操作流程。

支票是由出票人签发的，委托办理支票存款业务的银行在见票时无条件支付确定的金额给收款人或持票人的票据。企业从银行取现以及转账支付需填开支票。出票人是签发支票的单位和个人，付款人是出票人的开户银行。

支票分为现金支票、转账支票和普通支票。现金支票只能用于支取现金；转账支票只能用于转账；普通支票既可以用于支取现金又可以用于转账，在普通支票左上角划两条平行线的划线支票只能用于转账。

每张支票由存根联和正本联构成，存根联为签发单位做账依据，正本联为银行办理业务的凭据。支票提示付款期为十天（从签发当日起，日期首尾算一天，到期日遇到节假日可以顺延）已签发现金支票发生遗失，可以向付款银行申请挂失，挂失前已经支付，银行不予受理。

企业现金缴存银行需填写现金缴款单。现金缴款单由企业财会人员负责填写，其基本联次因金融机构不同而有所差异，多为一式两联或一式三联，应一次套写完成。两联式的第一联为银行记账联，第二联为客户回单；三联式第一联为客户回单，由银行盖章后退回，第二联为收款人开户行贷方凭证，第三联为附联，作附件，是银行出纳留底联。

（一）支票的签发

签发支票必须使用碳素墨水或者墨汁笔填写，字体不得潦草，不能使用红色或易褪色的墨水笔。未按规定填写，被涂改冒领的，由出票人负责。具体要求如下：

（1）支票日期必须是签发当日，不准签发远期支票。出票日期必须大写，使用小写填写的，银行不予受理。月份为 1 月、2 月、10 月的，日为 1 ~ 9 日、10 日、20 日、30 日的，前面加零。例如：2018 年 10 月 9 日应写为“贰零壹捌年零壹拾月零玖日”。

（2）现金支票收款人可以写为本单位名称或其他收款单位名称或个人姓名，收款人可凭现金支票直接到开户行或联网营业点提取现金。

转账支票收款人应填写为收款单位名称。收款单位取得转账支票后，在支票背面背书栏内加盖收款单位银行预留印鉴，连同银行进账单交给收款单位开户银行委托银行收款。付款行名称、出票人账号：即为出票单位开户行名称及银行账号。

（3）人民币金额分为大写和小写，人民币大写金额要与小写金额一致，人民币小写最高金额的前一位空白格加人民币符号“￥”。数字填写要求完整、清楚。支票金额不得超出出票人付款时在付款人处实有的存款余额，否则为空头支票，禁止签发空头支票。如果签发了空头支票，中国人民银行处以票面金额5%，但不低于1 000元的罚款；持票人有权要求出票人赔偿支票金额2%的赔偿金。

（4）如果公司在开户时设置了支票凭密码支付，应于签发时填写本张支票的密码，不能提前将支票密码加填，不得签发支票密码错误的支票。单位购买密码机的，付款时由会计人员在密码机上输入支票编号等信息后，密码机自动产生密码，会计人员将该密码填写在密码栏。

（5）现金支票的用途有一定的限制，一般填写“备用金”“差旅费”“工资”等。转账支票没有具体的规定，可填写“货款”“工资”等。

（6）支票正面加盖银行预留印鉴，此项内容表示“无条件支付的委托”。银行预留印鉴是企业开立账户时预留银行的印鉴，一般由财务专用章和法人章组成，缺一不可，印泥为红色，印章必须清晰，印章模糊只能将本张支票作废，换一张重新填写重新盖章。

（7）复核、记账这两项为银行内部记账用，出票人无须填写。

（8）支票存根联的填制：附加信息如无特别说明的，一般不填写；出票日期和金额用小写；收款人和用途的填写同正本联；单位主管和会计处要签章。

【模拟操作】

东北电机有限公司2018年3月10日从哈尔滨高德科技有限公司购进一批轴承，数量10套，单价5 300元，买价53 000元，增值税8 480元，出纳签发一张面值为61 480元的转账支票给收款人据以收取款项。

要求：以东北电机有限公司出纳王琳的身份填写一张转账支票（见表2－1）。

表2－1

中国建设银行
转账支票存根
$\frac{AB}{02}$10551
附加信息

出票日期　　年　月　日

收款人：	
金　额：	
用　途：	

单位主管　　　会计

中国建设银行 转账支票（　　）　　$\frac{AB}{02}$10551

出票日期（大写）　　年　月　日　　付款行名称：
收款人：　　出票人账号：

本支票付款期限十天

人民币（大写）	亿	千	百	十	万	千	百	十	元	角	分

用　途：
上列款项请从
我账户内支付
东北电机有限公司 财务专用章
年安明
出票人签章　　复核　　记账

（二）现金的提取

企业日常业务中所需的现金，应由出纳人员根据现金用款计划签发现金支票到银行办理提取现金手续。现金提取业务包括签发现金支票、填写现金支票背面、凭现金支票去开户行提取现金。

现金支票的签发除遵循上述要求外，应注意收款人的填写与用途填写。如果为本单位提取现金，则收款人填写本单位名称；如果支付给其他个人，收款人则填写个人名称。

现金支票的用途受到《现金管理暂行条例》的限制，所以必须在规定范围内使用，如果为本单位提取现金，一般填写“备用金”“工资”，如果支付给其他个人，一般写“差旅费”“劳务费”等。

现金支票背面应由收款人填写，如果收款人是本单位的，则在背面“收款人签章”栏加盖银行预留印鉴，再在下面填写经办人（一般为出纳）身份证号码、发证机关，并签上姓名。如果收款人是其他个人，则背面“收款人签章”栏签上收款人姓名，再在下面填写收款人身份证号码、发证机关。

【模拟操作】

东北电机有限公司2018年3月3日从银行提取现金6 000元以备日常开支，出纳王琳签发现金支票并去银行办理取款业务。

要求：以东北电机有限公司出纳王琳的身份填写一张现金支票（见表2-2）。

表2-2

中国建设银行
现金支票存根
$\frac{AB}{02}$10334
附加信息

出票日期　　年　月　日

收款人：	
金　额：	
用　途：	

单位主管　　会计

中国建设银行现金支票（　　）　　$\frac{AB}{02}$10334

出票日期（大写）　　年　月　日　　付款行名称：
收款人：　　出票人账号：

本支票付款期限十天

人民币（大写）	亿	千	百	十	万	千	百	十	元	角	分

用　途：
上列款项请从
我账户内支付
出票人签章　　复核　　记账

东北电机有限公司 财务专用章

年安明

（三）现金缴款业务办理

【模拟操作】

东北电机有限公司出纳王琳2018年3月15日将多余零星收入款12 300元送存银行，其中面值100元的110张，面值50元的20张，面值20元的8张，面值10元的14张。

要求：以东北电机有限公司出纳王琳的身份填写现金缴款单（见表2-3）。

表2-3 **中国建设银行现金缴款单**（回单）

2018年03月15日 NO. 108

<table>
<tr><td rowspan="3">收款人</td><td>全　称</td><td colspan="4"></td><td rowspan="2" colspan="3">缴款人</td><td rowspan="2" colspan="10"></td></tr>
<tr><td>账　号</td><td colspan="4"></td></tr>
<tr><td>开户银行</td><td colspan="4"></td><td colspan="3">款项来源</td><td colspan="10"></td></tr>
<tr><td rowspan="2" colspan="9">人民币
（大写）</td><td>千</td><td>百</td><td>十</td><td>万</td><td>千</td><td>百</td><td>十</td><td>元</td><td>角</td><td>分</td></tr>
<tr><td></td><td></td><td></td><td></td><td></td><td></td><td></td><td></td><td></td><td></td></tr>
<tr><td>券别</td><td>张数</td><td>券别</td><td>张数</td><td rowspan="6" colspan="15">上列款项已收妥

借________________

贷________________

银行签章　　　　　经办</td></tr>
<tr><td>100元</td><td></td><td>2元</td><td></td></tr>
<tr><td>50元</td><td></td><td>1元</td><td></td></tr>
<tr><td>20元</td><td></td><td>角币</td><td></td></tr>
<tr><td>10元</td><td></td><td>分币</td><td></td></tr>
<tr><td>5元</td><td></td><td></td><td></td></tr>
</table>

二、购销业务原始凭证识别与填制

通过该实训训练，掌握购销业务所需原始凭证，掌握发票的种类、基本内容，能够识别发票，掌握发票的填制方法。

购销业务所涉及的原始凭证主要为发票。发票是指一切单位和个人在购销商品、提供或接受服务以及从事其他经营活动中所开具和收取的业务凭证，是会计核算的原始依据，也是审计机关、税务机关执法检查的重要依据。

税务机关是发票主管机关，管理和监督发票的印制、领购、开具、取得、保管、缴销。单位、个人在购销商品、提供或者接受经营服务以及从事其他经营活动中，应当按照规定开具、使用、取得发票。

发票可以分为两大类：一类是增值税专用发票，另一类是普通发票。增值税专用发票是一般纳税人销售货物或者提供应税劳务或让渡资产使用权开具的发票，是购买方支付增值税额并且按照增值税有关规定据以抵扣增值税进项税的凭证。

一般纳税人应通过增值税防伪税控系统使用专用发票，增值税专用发票必须专人填开，分为三个基本联次：第一联为记账联，是销货方的记账凭证，即是开票方作为销货的原始凭证；第二联为抵扣联，是购货方扣税凭证，即是购货方可以进行抵扣的进项发票；第三联为发票联，是销货方的记账凭证，即是购货方作为购进货物的原始凭证。

增值税普通发票的格式、字体、栏次、内容与增值税专用发票完全一致，基本联次为两联，第一联为记账联，销货方用作记账凭证；第二联为发票联，购货方用作记账凭证。

（一）发票的识别

【模拟操作】

要求：仔细观察企业收到的发票，描述所发生的经济业务（见表2-4至表2-6）。

表 2－4

6112155237　　**陕西增值税专用发票**　　No. 51003928751

发票联

校验码 84216 87718 13208 54063　　开票日期：2018 年 08 月 05 日

购货单位	名　称：东北电机有限公司 纳税人识别号：230100123456666 地 址 、电 话：哈尔滨市长江路 590 号 0451－55191107 开户行及账号：中国建设银行哈尔滨长江路支行 35000950641052222863	密码区	（略）

货物或应税劳务的名称	规格型号	单位	数量	单价	金额	税率	税额
CM 机床		台	1	50 000	50 000. 00	16%	8 000. 00
合计					¥50 000. 00		¥8 000. 00
价税合计（大写）	人民币伍万捌仟元整				¥58 000. 00		

销货单位	名　称：陕西汉江机床有限公司 纳税人识别号：610000709902319 地 址 、电 话：陕西汉中汉台区河东店镇 10 号 0916－2298033 开户行及账号：中国工商银行汉中汉台区支行 6222022610006533990	备注	陕西汉江机床有限公司 610000709902319 发票专用章

收款人：　　复核：江盈　　开票人：范乐　　销货单位（章）：

第三联 发票联 购买方记账凭证

表 2－5

66145625922　　**山西增值税普通发票**　　No. 014001600111

发票联

国家税务局监制

校验码 68447 42018 11884 65149　　开票日期：2018 年 08 月 01 日

购货单位	名　称：东北电机有限公司 纳税人识别号：230100123456666 地 址 、电 话：哈尔滨市长江路 590 号 0451－55191107 开户行及账号：中国建设银行哈尔滨长江路支行 35000950641052222863	密码区	（略）

货物或应税劳务的名称	规格型号	单位	数量	单价	金额	税率	税额
住宿费					283. 02	6%	16. 98
合计					¥283. 02		¥16. 98
价税合计（大写）	人民币叁佰元整				¥300. 00		

销货单位	名　称：山西饭店 纳税人识别号：91140100MAOGUIJM9C 地 址 、电 话：太原迎泽区纯阳宫路 51 号 0351－6688888 开户行及账号：交通银行太原上官巷支行 141000613018010204937	备注	山西饭店 91140100MAOGUIJM9C 发票专用章

第二联 发票联 购买方记账凭证

表 2－6

货物运输业增值税专用发票

发票联

No. 67013943732

开票日期：2018 年 08 月 05 日

<table>
<tr><td colspan="3">承运人及纳税人识别号</td><td colspan="3">汉中诚信运输有限公司
610700741259917</td><td rowspan="2">密码区</td><td colspan="3" rowspan="2">（略）</td></tr>
<tr><td colspan="3">实际受票方及纳税人识别号</td><td colspan="3">东北电机有限公司
230100123456666</td></tr>
<tr><td colspan="3">收货人及纳税人识别号</td><td colspan="3">东北电机有限公司
230100123456666</td><td>发货人及纳税人识别号</td><td colspan="3">陕西汉江机床有限公司
610000709902319</td></tr>
<tr><td colspan="5">起运地、经由、到达地</td><td colspan="5">汉中至哈尔滨</td></tr>
<tr><td>费用项目及金额</td><td colspan="6">费用项目 运费　金额 1 000.00　费用项目　金额</td><td>运输货物信息</td><td colspan="2">CM 机床</td></tr>
<tr><td colspan="2">合计金额</td><td>¥1 000.00</td><td>税率</td><td>10%</td><td>税额</td><td>100</td><td>机器编号</td><td colspan="2">00230156</td></tr>
<tr><td colspan="3">价税合计（大写）</td><td colspan="7">壹仟壹佰壹拾元整　（小写）¥1 100.00</td></tr>
<tr><td colspan="2">车种车号</td><td></td><td>车船吨位</td><td></td><td>备注</td><td colspan="4">汉中诚信运输有限公司 610700741259917 发票专用章</td></tr>
</table>

第三联　发票联　受票方记账凭证

（二）发票的开具

增值税发票由销货方开具，填制要求：项目齐全，购货单位信息、货物或应税劳务交易信息必须与采购单、送货单信息相符，字迹清晰，不得压线、错格，发票各联必须加盖销货单位发票专用章，按照增值税纳税义务的发生时间开具。

【模拟操作】

东北电机有限公司 2018 年 6 月 18 日向海洋动力设备有限公司销售一批 101 型变频电机，数量 2 套，单价 120 000 元，东北电机有限公司为增值税一般纳税人，税率 16%。

海洋动力设备有限公司相关信息如下（见表 2－7）：

纳税人识别号：342524000004177

地址：安徽合肥芜湖路 30 号

电话：0551－2874513

开户行：中国农业银行合肥市包河区支行

账号：1302010109024930813

要求：以东北电机有限公司增值税专用发票专管会计人员陈晓的身份开具增值税专用发票，以会计李文的身份复核。

表 2－7

2300125238　　**黑龙江增值税专用发票**　　No. 0097658

发票联

校验码 74216 87318 27208 61063　　开票日期：　　年　　月　　日

购货单位	名　　称： 纳税人识别号： 地 址 、电 话： 开户行及账号：	密码区	（略）

货物或应税劳务的名称	规格型号	单位	数量	单价	金额	税率	税额
合计							
价税合计（大写）	人民币			¥			

销货单位	名　　称： 纳税人识别号： 地 址 、电 话： 开户行及账号：	备注	东北电机有限公司 发票专用章

收款人：　　复核：　　开票人：　　销售方（章）：

第三联：发票联　购买方记账凭证

三、请款与费用报销业务原始凭证识别与填制

通过该实训训练，掌握请款与费用报销业务流程及所需原始凭证，能够识别与填制请款单、费用报销单。

企业费用报销业务主要包括差旅费报销、业务招待费报销、办公费报销等，企业应当制定费用报销相关制度，规定备用金制度、费用报销流程、报销标准以及费用报销内控制度等。

请款业务所需原始凭证主要有借款单、出差申请表，费用报销业务所需原始凭证主要有差旅费报销单、费用报销单、收款收据等。这些原始凭证都属于自制原始凭证，没有规定的格式，企业可以根据自己的实际情况设计。

借款单、出差申请表是费用发生前用于请款的固定表格式原始凭证，借款单、出差申请表由借款人、出差人员填制，经过审批后交给财会人员作为借款的凭证，有的出差申请表并不涉及借款，仅作为日后报销的依据。

费用报销单、差旅费报销单是由报销人员或出差人员完成相关业务以后进行报销的一种固定表格式原始凭证。费用报销单、差旅费报销单由报销人员填制，经过审批后交给财会人员作为现金退补的依据。

报销人员在办理业务过程中取得的购货发票、车船票、住宿费发票等外来原始凭证，应分类整理后粘贴在报销单后或粘贴在专用的粘贴单上然后附在报销单后。费用报销单、差旅费报销单均属于汇总原始凭证，根据所发生费用的发票、单据以及企业报销补助制度的规定填写。

收款收据是企业收到钱或东西后给对方的字据，当企业收取租金、押金、罚款、赔偿款

以及收到投资方的投资款时都需要填写收据。

企业请款与报销业务都需要一定的审核流程，企业不同，流程有所差异，但通常都需要以下几个步骤：

（1）企业经办人或申请人填写好报销单据或请款单据，由部门领导审核签字，负责确认此项费用或请款事项的真实性；

（2）财务部门审核签字，负责报销金额的正确性、票据的合法性或请款事项的合理性、合法性；

（3）总经理签字，确定费用的合理性，决定是否准予报销。

（一）请款业务

【模拟操作】

2018 年 7 月 9 日，公司综合办公室主任李峰委派本部门员工杨红去北京技术交流，出差期间为 2018 年 7 月 10 日至 12 日，交通工具为飞机，杨红预借款 3 000 元。

要求：以杨红名义填写出差申请表和借款单，以李文名义审核，以陈晓的名义批签，并以总经理年安明名义核准，以出纳王琳名义付款（见表 2－8、表 2－9）。

表 2－8

出差申请表

填表时间：　　年　月　日

申请人	姓名	杨红	同行者	姓名	
	职务			职务	
出差目的地	北京	主要交通工具	□飞机　□火车　□汽车		
计划出差时间	年　月　日　至　年　月　日　共　天				
出差事由	技术交流				
预借款项	有　　　元	部门负责人审核			
		财务签批			
	无	总经理核准			

表 2－9

借　款　单

年　月　日　　　　NO. 0031

部门			借款人		
借款金额	金额（大写）		¥		
借款事由					
财务主管		出纳		借款人签字	

现金付讫

（二）报销业务

【模拟操作】

2018 年 7 月 16 日，杨红报销差旅费。

要求：以杨红名义填写差旅费报销单，以会计人员李文名义完成票据审核，并填开收款收据，以出纳王琳名义报销、收款（见表 2－10 至表 2－14）。

表 2－10

51145625293　　　　**北京增值税普通发票**　　　　No. 31418787

发票联

校验码 83216 42018 27713 10757　　　　开票日期：2018 年 07 月 12 日

购货单位	名　　称：东北电机有限公司 纳税人识别号：230100123456666 地 址 、电 话：哈尔滨市长江路 590 号 0451－55191107 开户行及账号：中国建设银行哈尔滨长江路支行 35000950641052222863	密码区	（略）

货物或应税劳务的名称	规格型号	单位	数量	单价	金额	税率	税额
住宿费					377.36	6%	22.64
合计					¥377.36		¥22.64
价税合计（大写）	人民币肆佰元整				¥400.00		

销货单位	名　　称：北京和平里宾馆有限公司 纳税人识别号：110101101211296 地 址 、电 话：北京市东城区兴化路 010－64286868 开户行及账号：中国建设银行东城区支行 61001567407204567765	备注	北京和平里宾馆有限公司 110101101211296 发票专用章

收款人：张乐　　　复核：张想　　　开票人：苏薇　　　销货单位（章）：

第二联 发票联 购买方记账凭证

表 2－11

航空运输电子客票行程单

印刷序号：100000040

票客姓名：杨红			有效身份证件号码 230102198402130062				签注：不得签转变更退票收费		
	承运人	航班号	座位等级	日期	时间	客票级别/类票类别	客票生效日期	有效截止日期	免费行李
FROM 哈尔滨 TO 北京	国航	CA1306	Y	20180710	11：45	Y			
	票价 1 170.00		机场建设费 50.00		合计 1 220.00				
电子客票号码 7845966747062			验证码 405613			提示信息 CA1306 乘机		保险费 0.00	
销售单位代码 CTU123 293847203			填开单位：高山流水航空票务服务有限责任公司					填开日期 2018－07－13	

中国民航电子客票行程单 发票专用章

表 2－12 **航空运输电子客票行程单**

印刷序号：100000078

票客姓名：杨红			有效身份证件号码230102198402130062				签注：不得签转变更退票收费		
	承运人	航班号	座位等级	日期	时间	客票级别/类票类别	客票生效日期	有效截止日期	免费行李
FROM 北京 TO 哈尔滨	国航	CA1306	Y	20180712	12：30	Y			
	票价 1 170.00		机场建设费 50.00		合计 1 220.00				
电子客票号码 78459667475932				验证码 435481		提示信息 CA1307 乘机		保险费 0.00	
销售单位代码 CTU123 293847203				填开单位：高山流水航空票务服务有限责任公司				填开日期 2018－07－13	

表 2－13 **差旅费报销单**

报销部门： 年 月 日 NO：20180701

报销人					出差事由					
日期	出发地	到达地	市内交通补助		伙食补贴		车（船）票	出差补贴	住宿费	合计金额
			天数	金额	天数	金额				
报销金额合计人民币（大写）：										
预借金额：¥					结余或超支：¥					
单位领导		年安明			会计主管			陈晓		
出纳					审核会计					
经手人										

附单据 张

表 2-14

收款收据

年　月　日　　　　No. 1012122

交款单位名称（或姓名）	
摘　　要	
人 民 币	￥
备　　注	

现金收讫

第三联　记账联

会计：　　　　出纳：　　　　经手人：

四、存货流转业务原始凭证识别与填制

通过该实训训练，掌握存货流转业务所需原始凭证，能够识别各种收料单、领料单、入库单、出库单，掌握领料汇总表的填制方法。

工业企业中经常会有存货的流转业务，为了明确各部门之间的经济责任，需要填写相应的原始凭证。这些证明存货内部流转的原始凭证为自制原始凭证，企业可根据经营特点自行设计。

（一）存货原始票据识别

1. 收料单

购买材料入库时需填写材料收料单，由采购员、质检验收人员、仓库保管人员及仓库主管签字。收料单通常一式三联，一联留仓库，作为登记材料保管账的依据，一联采购部门留存，一联送交财务部门作为记账依据（见表 2-15）。

表 2-15

收 料 单

收料仓库：原材料库　　　　2018 年 06 月 13 日　　　　收料单编号：130702

材料名称	单位	数量		单价	材料金额	运杂费	合计（实际成本）	实际单价
		应收数	实收数					
轴承	套	50	50	6 200	310 000	0	310 000	6 200
合计					310 000	0	310 000.00	6 200.00
供货单位	新川轴承有限公司	结算办法	转账结算	合同号			130506	
备注								

此联由财务部门记账用

主管：邓旭佳　　　　采购员：颜新　　　　入库验收：张伟　　　　仓库保管：李江

2. 领料单

企业其他部门领用材料时需填写领料单，由领用部门主管、领料人员、库存保管人员及仓库主管签字。领料单通常一式三联，一联留仓库，作为登记材料保管账的依据，一联由领料部门留存，一联送交财务部门作为记账依据（见表 2－16）。

表 2－16

领　料　单

2018 年 06 月 03 日

领料单位：车间　　　　　　　　　　　　　　　　　　　发料仓库：1 号仓库

品名	单位	数量	用途	单位成本	领料成本	领料人
电机定转子冲片	片	12 000	生产 101 变频电机			于阳
轴承	个	35	生产 101 变频电机			于阳
转子	个	11	生产 101 变频电机			于阳
300C 电机	台	12	生产 101 变频电机			于阳
耐磨润滑油	升	100	车间机器设备			于阳

车间审批：郭远行　　　　　　　　　　　　　　　　　　　保管员：李江

3. 入库单

工业企业产品完工入库时需填写入库单，由车间主管人员、质检人员、交库人员、库存保管人员、仓库主管人员签字。入库单通常一式三联，一联留仓库，作为登记产品保管账的依据，一联由车间生产部门留存，一联送交财务部门作为记账依据（见表 2－17）。

表 2－17

产品入库单

2018 年 06 月 24 日

交库部门：生产车间　　　　　　　　　　　　　　　　　仓库：产成品仓库

入库事由：完工入库

产品名称	规格型号	计量单位	交付数量	交货人
变频电机	101 型	台	5	何严

质量检验员：梁凡　　　　　　　入库验收：肖央　　　　　　　仓库保管：刘斌

4. 出库单

产品销售或其他原因出库时需填写出库单，由销售部门或领用部门主管、领用人员、库存保管人员及仓库主管签字。出库单通常一式三联，一联留仓库，作为登记产品保管账的依据，一联由销售或领用部门留存，一联送交财务部门作为记账依据（见表 2－18）。

表 2－18

产品出库单

2018 年 06 月 13 日

领货部门	事由	品名	型号	计量单位	数量	单位成本	总成本	经手人
销售部	销售	变频电机	101 型	台	6			梁凡

发货仓库：产成品仓库　　仓库保管：刘斌

财务部门为了会计核算的需要，通常会定期或在每月月末将收到的领料单汇总编制成发料汇总表，发料汇总表是一种汇总原始凭证。

（二）存货原始凭证填制

【模拟操作】

6 月 30 日，统计财务部门 6 月份收到的领料单如下：

要求：以会计李文名义编制 6 月份的发料汇总表（见表 2－19 至表 2－24）。

表 2－19

领　料　单

2018 年 06 月 03 日

领料单位：车间　　发料仓库：1 号仓库

品名	单位	数量	用途	单位成本	领料成本	领料人
电机定转子冲片	片	10 000	生产 101 变频电机	10.50 元/片		于阳
电机定转子冲片	片	2 600	生产 102 变频电机	10.50 元/片		于阳

车间审批：郭远行　　保管员：李江

表 2－20

领　料　单

2018 年 06 月 10 日

领料单位：车间　　发料仓库：1 号仓库

品名	单位	数量	用途	单位成本	领料成本	领料人
轴承	个	25	生产 101 变频电机	5 300 元/个		于阳
轴承	个	14	生产 102 变频电机	5 300 元/个		于阳

车间审批：郭远行　　保管员：李江

表 2 - 21

领 料 单

2018 年 06 月 16 日

领料单位：车间　　　　发料仓库：1 号仓库

品名	单位	数量	用途	单位成本	领料成本	领料人
转子	个	10	生产 101 变频电机	7 000 元/个		于阳
转子	个	3	生产 102 变频电机	7 000 元/个		于阳

车间审批：郭远行　　　　保管员：李江

表 2 - 22

领 料 单

2018 年 06 月 23 日

领料单位：车间　　　　发料仓库：1 号仓库

品名	单位	数量	用途	单位成本	领料成本	领料人
300C 电机	台	10	生产 101 变频电机	16 400 元/台		于阳
300C 电机	台	3	生产 102 变频电机	16 400 元/台		于阳

车间审批：郭远行　　　　保管员：李江

表 2 - 23

领 料 单

2018 年 06 月 28 日

领料单位：车间　　　　发料仓库：1 号仓库

品名	单位	数量	用途	单位成本	领料成本	领料人
耐磨润滑油	升	100	车间机器设备	15 元/升		于阳

车间审批：郭远行　　　　保管员：李江

表 2－24

领料汇总表

2018 年 06 月 30 日

领料单位：车间　　　　　　　　　　　　　　　　　　　　　　　　　　　　发料仓库：1 号仓库

材料 用途	电机定转子冲片	轴承	转子	300C 电机	耐磨润滑油	合计
生产变频电机 101 型						
生产变频电机 102 型						
车间机器设备						
合计						

复核：陈晓　　　　　　　　　　　　　　　　　　　　　　　　　　　　　　　　制表：李文

五、其他常用原始凭证识别与填制

通过该实训训练，能够识别网银支付方式下各种收付款凭证、电子缴税付款凭证、折旧计算表、制造费用分配表等原始凭证。

近些年来，随着互联网的发展，越来越多的企业开通了“企业网上银行”。通过该方式进行款项的收付，会计人员足不出户便可办理业务，但企业入账则需要凭证，所以需要会计人员定期去开户银行打印业务回单（收款或付款凭证）。收款业务回单是企业收款业务的原始凭证，付款业务回单是企业付款业务的原始凭证。

如今，许多企业都签订了三方（纳税人、税务、银行）协议，三方协议是方便纳税人的一种电子缴税形式，在该协议下，纳税人委托银行使用网上申报上缴税款，即纳税人负责网上申报，而银行负责根据申报额转款到税收部门。在三方协议下，企业缴纳税款的原始凭证为“银行电子缴税付款凭证”。对于一些需要计算才能进行进一步业务处理的经济事项，财务人员须将计算过程生成自制原始凭证，例如计提折旧的“折旧计算表”、分配制造费用的“制造费用分配表”等。

【模拟操作】

要求：根据以上原始凭证，分别描述其反映企业发生的经济业务（见表 2－25 至表 2－28）。

表 2－25

中国建设银行电子转账凭证

2018 年 08 月 05 日　　　　NO. 3390

付款人	全称	东北机电有限公司	收款人	全称	北京汉江机床有限公司
	账号	35000950641052222863		账号	6222022610006533990
	开户银行	中国建设银行哈尔滨长江路支行		开户银行	中国工商银行北京丰台区支行

人民币（大写）	千	百	十	万	千	百	十	元	角	分
陆万捌仟伍佰元整			¥	6	8	5	0	0	0	0

备注：购机床款	建行长江路支行 2018. 08. 25 转讫 付款人开户行盖章

表 2－26

中国建设银行电子汇划进账凭证

2018 年 08 月 25 日　　　　NO. 3395

付款人	全称	白云液压机械厂	收款人	全称	东北电机有限公司
	账号	62254328055658732681		账号	35000950641052222863
	开户银行	中国建设银行广州市白云区支行		开户银行	中国建设银行哈尔滨长江路支行

人民币（大写）	千	百	十	万	千	百	十	元	角	分
捌拾肆万壹仟肆佰元整		¥	8	4	1	4	0	0	0	0

备注：货款	建行长江路支行 2018. 08. 25 转讫 收款人开户行盖章

清算日期：2018 年 9 月 9 日　　　　凭证序号：00063723

表 2－27 **建设银行电子缴税付款凭证**

扣款日期：2018 年 08 月 09 日　　清算日期：2018 年 08 月 09 日　　凭证序号：00063723

纳税人全称及纳税人识别号：方羽有限责任公司		610200388666666	
付款人全称：方羽有限责任公司			
付款人账号：6100197004105222286 3		征收机关名称：西安市地方税务局莲湖区分局	
付款人开户银行：中国建设银行西安莲湖路支行		收款国库：莲湖区支库	
小写（合计）金额：¥145 782. 95		缴款书交易流水号：02568765	
大写（合计）金额：壹拾肆万伍仟柒佰捌拾贰元玖角伍分		税票号码：2012070001574551	
项目	所属期间	缴费合计	备注
增值税	20180701 －20180731	¥103 539. 75	国税
企业所得税	20180701 －20180731	¥42 243. 20	国税
第 1 次打印	打印时间：2018－08－09　09：02：09		财务日期：20180809

中国建设银行西安莲湖路支行 2018年8月9日 受理凭证专用章

第二联：作付款回单（无银行办讫章无效）　　复核　　记账

表 2－28

委电　　**委托收款凭证（付款通知）**　　托收号码：NO. 29

委托日期：　2018 年 08 月 31 日　　付款期限 2018 年 08 月 31 日

付款人	全称	东北机电有限公司	收款人	全称	哈尔滨市供电局
	账号	35000950641052222863		账号	3500029988887765432
	开户银行	中国建设银行哈尔滨长江路支行		开户银行	中国工商银行哈尔滨长江路支行

托收金额人民币（大写）	千	百	十	万	千	百	十	元	角	分
肆万肆仟伍佰肆拾柒元柒角伍分			¥	4	4	5	4	7	7	5

款项名称	应付电费	委托收款凭据名称	发票	附寄单证张数	2 张

备注：	付款人注意： 1. 根据结算办法规定办理委托收款，在付款期限内未拒付时，将视同同意付款。 2. 如需提前付款或多付款时，应另写书面通知送银行办理。 3. 如系全部拒付或部分拒付，应在付款期限内另填拒付款理由书送银行办理。

建行长江路支行 2018. 08. 31 转讫

六、原始凭证的审核

通过该实训训练，能够掌握原始凭证的审核要点，以及审核结果的处理方法。

（一）审核要点

原始凭证的审核主要从真实性、合法性、合理性、完整性、正确性五个方面进行。

审核原始凭证的真实性：包括日期是否真实、业务内容是否真实、数据是否真实等。

审核原始凭证的合法性：经济业务是否符合国家有关政策、法规、制度的规定，是否有违法乱纪等行为。

审核原始凭证的合理性：原始凭证所记录经济业务是否符合企业生产经营活动的需要，是否符合有关的计划和预算等。

审核原始凭证的完整性：原始凭证的内容是否齐全，包括：有无漏记项目、日期是否完整、有关签章是否齐全等。

审核原始凭证的正确性：包括数字是否清晰，文字是否工整，书写是否规范，凭证联次是否正确，有无刮擦、涂改和挖补等。

（二）审核结果的处理方法

对于完全符合要求的原始凭证，应及时据以编制记账凭证入账。对于真实、合法、合理但内容不够完整、填写有错误的原始凭证，应退回给有关经办人员，由其负责将有关凭证补充完整、更正或重开（金额不正确必须重开）后，再办理正式会计手续。对于不真实、不合法的原始凭证，会计机构和会计人员有权不予接受，并向单位负责人报告。

【模拟操作】

2018 年 10 月 16 日，厂办杨红报销差旅费，收到杨红填制的差旅费报销单及其附件。

要求：以会计人员李文的名义审核以下原始凭证，指出其中存在的问题，提出处理意见（见表 2 - 29 至表 2 - 32）。

表 2 - 29 **差旅费报销单**

部门：厂办　　2018 年 10 月 16 日　　NO：20130601

<table>
<tr><td colspan="3">报销人</td><td colspan="2">杨红</td><td colspan="2">出差事由</td><td colspan="4">技术交流</td></tr>
<tr><td rowspan="2">日期</td><td rowspan="2">出发地</td><td rowspan="2">到达地</td><td colspan="2">市内交通补助</td><td colspan="2">伙食补贴</td><td rowspan="2">车（船）票</td><td rowspan="2">出差补贴</td><td rowspan="2">住宿费</td><td rowspan="2">合计金额</td></tr>
<tr><td>天数</td><td>金额</td><td>天数</td><td>金额</td></tr>
<tr><td>8.19</td><td>哈尔滨</td><td>北京</td><td>1</td><td>20</td><td></td><td></td><td>870</td><td>100</td><td>220</td><td>1 210</td></tr>
<tr><td>8.20</td><td>北京</td><td></td><td>1</td><td>20</td><td></td><td></td><td></td><td>100</td><td>220</td><td>320</td></tr>
<tr><td>8.21</td><td>北京</td><td>哈尔滨</td><td>1</td><td>20</td><td></td><td></td><td>870</td><td>100</td><td></td><td>990</td></tr>
<tr><td></td><td></td><td></td><td></td><td></td><td></td><td></td><td></td><td></td><td></td><td></td></tr>
<tr><td></td><td></td><td></td><td></td><td></td><td></td><td></td><td></td><td></td><td></td><td></td></tr>
<tr><td colspan="3">合计</td><td></td><td>60</td><td></td><td></td><td>1 740</td><td>300</td><td>440</td><td>2 520</td></tr>
<tr><td colspan="11">报销金额合计人民币（大写）：贰仟伍佰贰拾元整</td></tr>
<tr><td colspan="5">预借金额：¥3 000.00</td><td colspan="6">结余（超支）：¥480.00</td></tr>
<tr><td colspan="3">单位领导</td><td colspan="2"></td><td colspan="3">会计主管</td><td colspan="3"></td></tr>
<tr><td colspan="3">出纳</td><td colspan="2"></td><td colspan="3">审核</td><td colspan="3"></td></tr>
<tr><td colspan="3">经手人</td><td colspan="8"></td></tr>
</table>

附单据　张

表 2-30

航空运输电子客票行程单

印刷序号：100000040

票客姓名：杨红			有效身份证件号码 230102198402130062				签注：不得签转变更退票收费		
	承运人	航班号	座位等级	日期	时间	客票级别/类票类别	客票生效日期	有效截止日期	免费行李
FROM 哈尔滨 TO 北京	国航	CA1306	Y	20180819	11：45	Y			
	票价 820.00		机场建设费 50.00		合计 870.00				
电子客票号码 78459667470620				验证码 405613		提示信息 CA1306 乘机		保险费 0.00	
销售单位代码 CTU123 293847203				填开单位：高山流水航空票务服务有限责任公司				填开日期 2018-08-19	

表 2-31

航空运输电子客票行程单

印刷序号：100000078

票客姓名：杨红			有效身份证件号码 230102198402130062				签注：不得签转变更退票收费		
	承运人	航班号	座位等级	日期	时间	客票级别/类票类别	客票生效日期	有效截止日期	免费行李
FROM 北京 TO 哈尔滨	国航	CA1306	Y	20180821	12：30	Y			
	票价 820.00		机场建设费 50.00		合计 870.00				
电子客票号码 78459667475932				验证码 435481		提示信息 CA1307 乘机		保险费 0.00	
销售单位代码 CTU123 293847203				填开单位：高山流水航空票务服务有限责任公司				填开日期 2018-08-21	

表 2－32

北京增值税普通发票

发票联

No. 31418787

校验码 83216 42018 27713 10757

开票日期：2018 年 10 月 16 日

<table>
<tr><td>购货单位</td><td colspan="4">名　　　称：东北电机有限公司
纳税人识别号：230100123456666
地 址 、电 话：哈尔滨市长江路 590 号 0451－55191107
开户行及账号：中国建设银行哈尔滨长江路支行
3500095064105222863</td><td>密码区</td><td colspan="3">（略）</td></tr>
<tr><td colspan="2">货物或应税劳务的名称</td><td>规格型号</td><td>单位</td><td>数量</td><td>单价</td><td>金额</td><td>税率</td><td>税额</td></tr>
<tr><td colspan="2">住宿费</td><td></td><td></td><td></td><td></td><td>415. 09</td><td>6%</td><td>24. 91</td></tr>
<tr><td colspan="2">合计</td><td></td><td></td><td></td><td></td><td>¥415. 09</td><td></td><td>¥24. 91</td></tr>
<tr><td colspan="2">价税合计（大写）</td><td colspan="7">人民币肆佰肆拾元整　　　　¥440. 00</td></tr>
<tr><td>销货单位</td><td colspan="4">名　　　称：北京和平里宾馆有限公司
纳税人识别号：110101101211296
地 址 、电 话：北京市东城区兴化路 010－64286868
开户行及账号：中国建设银行东城区支行
610015674072045677765</td><td>备注</td><td colspan="3">北京和平里宾馆有限公司
110101101211296
发票专用章</td></tr>
</table>

收款人：张乐　　复核：张想　　开票人：苏薇　　销货单位（章）：

第二联　发票联　购买方记账凭证

第三章 *DISANZHANG*

记账凭证实训

一、记账凭证的选用和填制

通过该训练的实训，能够根据企业规模和业务量选择记账凭证的类型，能够根据实际经济业务熟练选择专用记账凭证种类，掌握通用记账凭证和专用记账凭证的填制方法。

（一）记账凭证分类

记账凭证包括通用记账凭证和专用记账凭证。通用记账凭证一般适用于业务量较少、每月编制凭证不多的小型企事业单位。通用记账凭证是一种适合所有经济业务的记账凭证。采用通用记账凭证，将经济业务所涉及的会计科目全部填列在一张凭证内，借方在前，贷方在后，将各会计科目所记应借应贷的金额填列在“借方金额”和“贷方金额”栏内。借贷要相等。

专用记账凭证根据企业经济业务将会计凭证分为收款凭证、付款凭证、转账凭证三类，每类凭证上只反映一种类型的经济业务（收款业务、付款业务、转账业务）。收款凭证的借方只能是“库存现金”或“银行存款”，因此所涉及会计分录只能是一借一贷或一借多贷；付款凭证的贷方只能是“库存现金”或“银行存款”，因此所涉及会计分录只能是一借一贷或多借一贷；转账凭证的借贷两方均不涉及“库存现金”和“银行存款”，其所涉及会计分录可以是一借一贷、一借多贷、多借一贷甚至多借多贷。

对于借方和贷方同时涉及“库存现金”和“银行存款”的，为了避免重复，只编制付款凭证。如果一笔会计分录借方既有“库存现金”或“银行存款”，又有其他会计科目，则在编制专用记账凭证时需要编制一张收款凭证和一张转账凭证；同理，如果一笔会计分录贷方既有“库存现金”或“银行存款”，又有其他会计科目，则在编制专用记账凭证时需要编制一张付款凭证和一张转账凭证。

专用记账凭证可以分三类编码也可以分五类编码。

1. 三类编号法下，根据收款凭证编“收字第 1 号”“收字第 2 号”等；根据付款凭证编“付字第 1 号”“付字第 2 号”等；根据转账凭证编“转字第 1 号”“转字第 2 号”等。

2. 五类编号法是在三类编号法下，对收款凭证和付款凭证根据“库存现金”和“银行存款”会计科目进行了细分。根据现金收款凭证编“现收字第 1 号”“现收字第 2 号”等；根据银行存款收款凭证编“银收字第 1 号”“银收字第 2 号”等；根据现金付款凭证编“现付字第 1 号”“现付字第 2 号”等；根据银行存款付款凭证编“银付字第 1 号”“银付字第 2 号”等；根据转账凭证编“转字第 1 号”“转字第 2 号”等。

（二）记账凭证填制要求

1. 必须以审核无误的原始凭证或汇总原始凭证为依据填制记账凭证。记账凭证日期，应以财会部门受理经济业务事项的日期为准（年，月，日应写全）。如果是收付款凭证，一般与货币资金收付的日期相同，如果为转账凭证，一般与填制日期相同。填制记账凭证摘要，应简明扼要，说明问题，填写的摘要要真实准确，书写整齐清洁。

2. 填制记账凭证时，应当对记账凭证进行连续编号。无论是通用记账凭证的一类编号还是专用记账凭证的三类编号或五类编号均应按月从“1”号开始按照业务发生的顺序编号。

3. 要根据交易或事项的内容，使用规范正确的会计科目。填写会计科目时，应填写会计科目的全称和子目甚至细目。不得简写或只填会计科目的编号而不填名称。

4. 记账凭证所填金额要和所附原始凭证或原始凭证汇总表的金额一致。记账凭证的“合计”行填列合计金额，在合计数字前应填写货币符号，不是合计数字前不应填写货币符号。一笔经济业务因涉及会计科目较多，需填写多张记账凭证的，只在最后一张记账凭证的“合计”行填列合计金额。

5. 记账标记，又称过账符，是根据记账凭证登记完账簿时在记账凭证“记账”栏打“√”，目的是为了避免重登或漏登账簿。在填制记账凭证时，不需要在“记账”栏打标记。

6. 记账凭证不得跳行或留有余行。填制完毕的记账凭证如有空行，应当自金额栏最后一笔金额数字下的右上角处至最底一行的左下角处划一条对角斜线或“S”形线来注销空行。

7. 除结账和更正错误的记账凭证可以不附原始凭证外，其他记账凭证必须附有原始凭证。所附原始凭证的张数一般以原始凭证的自然张数为准，凡是与记账凭证中的交易或事项有关的每一张原始凭证，都应作为记账凭证的附件。如果记账凭证中附有汇总原始凭证，也应将其计入附件张数之内。

但报销差旅费等零散票据，可以粘贴在“凭证粘贴单”上作为一张原始凭证处理，并在原始凭证粘贴单上注明所粘贴的张数和金额。如果一张原始凭证涉及几张记账凭证，可以把原始凭证附在一张主要的记账凭证后面，并在其他记账凭证上注明附有该原始凭证的记账凭证的编号或者附原始凭证复印件，并且记账凭证的内容和金额应和所附的原始凭证一致。

8. 记账凭证上规定的有关人员的签名或盖章，应全部签章齐全，以明确责任。一张记账凭证涉及几个会计记账的，凡记账的会计均应在“记账”签章处签章，收付款凭证还应由出纳人员签章。填制记账凭证可用蓝黑墨水或碳素墨水笔，金额按规定需用红字表示的，数字可用红色墨水笔，但不准以负数表示，除金额外其他内容不得使用红色墨水笔填写。

（三）记账凭证的识别与填制

1. 专用记账凭证的识别

下面以东北电机有限公司 2020 年 1 月份发生的部分经济业务说明专用记账凭证的填制要求，具体如下：

（1）1 月 5 日，东北电机有限公司从银行取得 1 年期借款 14 万元，并收到银行收款通知单（见表 3 - 1）。

表 3-1 **收 款 凭 证**

借方科目：银行存款　　2020 年 01 月 05 日　　银收 字第 1 号

摘要	贷方科目		金额											记账符号
	总账科目	明细科目	万	千	百	十	万	千	百	十	元	角	分	
取得短期借款	短期借款					1	4	0	0	0	0	0	0	
合计					¥	1	4	0	0	0	0	0	0	

附件 贰 张

会计主管：　　出纳：王琳　　审核：　　制单：李毅

（2）1 月 8 日，东北电机有限公司以银行存款购入一批原材料 3 万元，验收入库（见表 3-2）。

表 3-2 **付 款 凭 证**

贷方科目：银行存款　　2020 年 01 月 08 日　　银付 字第 1 号

摘要	借方科目		金额											记账符号
	总账科目	明细科目	万	千	百	十	万	千	百	十	元	角	分	
购买原材料	原材料						3	0	0	0	0	0	0	
合计						¥	3	0	0	0	0	0	0	

附件 贰 张

会计主管：　　出纳：王琳　　审核：　　制单：李毅

（3）1 月 12 日，东北电机有限公司以银行存款 5 万元归还前欠宏星公司的货款，并收到银行付款回单（见表 3-3）。

表 3－3

付 款 凭 证

贷方科目：银行存款　　　　2020 年 01 月 12 日　　　　银付 字第 2 号

摘要	借方科目		金额											记账符号
	总账科目	明细科目	万	千	百	十	万	千	百	十	元	角	分	
归还前欠货款	应付账款	宏星公司					5	0	0	0	0	0	0	
合计						¥	5	0	0	0	0	0	0	

附件 壹 张

会计主管：　　　　出纳：王琳　　　　审核：　　　　制单：李毅

（4）1 月 20 日，东北电机有限公司从银行取得短期借款 8 万元，归还前欠大业公司的货款（见表 3－4）。

表 3－4

转 账 凭 证

2020 年 01 月 20 日　　　　转 字第 1 号

摘要	会计科目		借方金额										贷方金额										记账（签章）
	总账科目	明细科目	千	百	十	万	千	百	十	元	角	分	千	百	十	万	千	百	十	元	角	分	
归还前欠货款	应付账款	大业公司				8	0	0	0	0	0	0											
	短期借款															8	0	0	0	0	0	0	
合计					¥	8	0	0	0	0	0	0			¥	8	0	0	0	0	0	0	

附件 贰 张

会计主管：　　　　出纳：　　　　审核：　　　　制单：李毅

（5）1 月 25 日，东北电机有限公司经研究决定，同意将欠大业公司的货款 8 万元转作对长沙创业有限公司的投资（见表 3－5）。

表 3－5

转 账 凭 证

2020 年 01 月 25 日　　　　转 字第 2 号

摘要	会计科目		借方金额										贷方金额										记账（签章）
	总账科目	明细科目	千	百	十	万	千	百	十	元	角	分	千	百	十	万	千	百	十	元	角	分	
欠款转投资	应付账款	大业公司				8	0	0	0	0	0	0											
	实收资本	大业公司														8	0	0	0	0	0	0	
合计					¥	8	0	0	0	0	0	0			¥	8	0	0	0	0	0	0	

附件贰张

会计主管：　　　出纳：　　　审核：　　　制单：李毅

（6）1 月 28 日，东北电机有限公司销售产品，实现收入 13 万元，存入银行（见表 3－6）。

表 3－6

收 款 凭 证

借方科目：银行存款　　　2020 年 01 月 28 日　　　银收 字第 2 号

摘要	贷方科目		金额											记账符号
	总账科目	明细科目	万	千	百	十	万	千	百	十	元	角	分	
销售商品	主营业务收入					1	3	0	0	0	0	0	0	
合计					¥	1	3	0	0	0	0	0	0	

附件壹张

会计主管：　　　出纳：王琳　　　审核：　　　制单：李毅

2. 专用记账凭证的选择与填制

【模拟操作】

要求：分析下列经济业务，判断需要什么类型的专用会计凭证，以会计李文的名义编制相关记账凭证（见表 3－7 至表 3－10）。

表 3－7

中国建设银行
现金支票存根（ ）

$\frac{A\,B}{0\,2}$ 52000143

附加信息

出票日期	2018年08月21日
收款人：	东北机电有限公司
金　额：	￥6 000.00
用　途：	备用金

单位主管：陈晓　　会计：李文

表 3－8

收 款 凭 证

借方科目：________　　年　月　日　　总字第__号　收字第__号

摘要	贷方科目		√	金额									
	总账科目	明细科目		千	百	十	万	千	百	十	元	角	分
合计													

财务主管（签章）　记账（签章）　出纳（签章）　复核（签章）　制单（签章）

表 3－9

付 款 凭 证

总字第____号

贷方科目：________　　　　年　月　日　　　　付字第____号

摘要	借方科目		√	金额									
	总账科目	明细科目		千	百	十	万	千	百	十	元	角	分
合计													

财务主管（签章）　记账（签章）　出纳（签章）　复核（签章）　制单（签章）

表 3－10

转 账 凭 证

总字第____号

年　月　日　　　　转字第____号

摘要	总账科目	明细科目	借方金额										贷方金额										√
			千	百	十	万	千	百	十	元	角	分	千	百	十	万	千	百	十	元	角	分	
合计																							

会计主管：　　记账：　　复核：　　制单：

3. 通用记账凭证的模拟填制

通用记账凭证的填制方法与转账凭证的填制方法基本相同。

【模拟操作】

要求：分析下列经济业务，以会计李文名义编制相关记账凭证（见表 3－11、表 3－12）。

表 3－11

中国建设银行
转账支票存根（　　）

$\frac{AB}{02}$ 52000125

附加信息

出票日期 2020年08月10日 收款人：广州申达设备有限公司	
金　额：￥3 510.00	
用　途：支付货款	

单位主管：陈晓　　　会计：李文

表 3－12

记　账　凭　证

年　月　日　　　　第____号

摘要	总账科目	明细科目	借方金额										贷方金额										√
			千	百	十	万	千	百	十	元	角	分	千	百	十	万	千	百	十	元	角	分	
合计																							

会计主管：　　　记账：　　　复核：　　　制单：

二、主要经济业务的处理

【模拟操作】

通过该训练的实训，能够根据所提供原始凭证正确分析发生的经济业务，掌握会计分录的编制方法，熟练选择并填制会计凭证。

要求：根据训练描述，审核每项经济业务的原始凭证，编制专用记账凭证并将原始凭证附在记账凭证之后。本训练需要收款凭证 4 张，付款凭证 18 张，转账凭证 12 张。本训练共涉及 35 笔经济业务。教师可以配合教学需要自由选择练习顺序，但凭证编号须按照业务发生顺序进行连续编号（原始凭证见书后附录）。

东北电机有限公司 2020 年 8 月发生了以下经济业务：

1. 8 月 1 日，收到金泰工程有限公司投资款 500 000 元。
2. 8 月 1 日，取得中国建设银行短期借款 300 000 元。
3. 8 月 2 日，采购部职工邓旭佳报销差旅费 970 元。
4. 8 月 2 日，偿还前欠维赛轴承有限公司货款 50 000 元。
5. 8 月 3 日，收到前欠德奥动力有限公司货款 200 000 元。
6. 8 月 3 日，提取现金 2 000 元备用。
7. 8 月 3 日，通过银行代发工资 500 000 元。
8. 8 月 4 日，购入卡车价款 200 000 元，增值税 32 000 元，以银行存款支付。
9. 8 月 9 日，银行转来上月增值税、企业所得税、城市维护建设税、教育费附加及地方教育费附加扣税凭证。
10. 8 月 12 日，采购轴承、转子两种材料，货款尚未支付。
11. 8 月 13 日，支付 12 日购料运费，运费按数量分配。
12. 8 月 14 日，12 日所购材料验收入库。
13. 8 月 15 日，领料。
14. 8 月 16 日，管理部门职工颜新出差预借差旅费 3 000 元。
15. 8 月 17 日，办公室报销业务招待费 1 000 元。
16. 8 月 18 日，支付修理固定资产修理费 5 000 元，增值税 800 元。
17. 8 月 19 日，购买办公用品 2 000 元，增值税 320 元。
18. 8 月 20 日，销售变频电机 102 价款 1 200 000 元，增值税 192 000 元，款项尚未收到。
19. 8 月 20 日，销售变频电机 101 价款 400 000 元，增值税 64 000 元，款项收存银行。
20. 8 月 25 日，收到 20 日销货款。
21. 8 月 29 日，支付市环保局罚款 1 000 元。
22. 8 月 30 日，接受汇欣有限责任公司捐赠 60 000 元。
23. 8 月 31 日，计算分配本月工资。
24. 8 月 31 日，计提固定资产折旧。
25. 8 月 31 日，支付电费。
26. 8 月 31 日，购入非专利技术价款 30 000 元，增值税 1 800 元，款项已付。
27. 8 月 31 日，销售多余材料价款 60 000 元，增值税 9 600 元，款项已收存银行。
28. 8 月 31 日，结转已销产品成本。
29. 8 月 31 日，结转已销材料成本。
30. 8 月 31 日，支付广告费 6 000 元，增值税 360 元。
31. 8 月 31 日，支付销售产品运费 5 000 元，增值税 500 元。
32. 8 月 31 日，向希望小学捐款 50 000 元。

33. 8 月 31 日，计算本月短期借款利息 1 500 元。
34. 8 月 31 日，月末结转收入账户。
35. 8 月 31 日，月末结转费用账户。
分析以上经济业务，以会计李文的名义编制相关记账凭证。

三、整理和装订会计凭证

按照《会计档案管理办法》的规定，各单位每年形成的凭证、账簿、报表等会计档案，要进行整理与保管。整理与保管会计档案，是会计工作最终环节的主要职业活动。会计机构和会计人员在记账以后，应当定期对各种会计凭证（原始凭证、记账凭证）加以分类整理，装订成册。具体操作分为整理、装订两步：

（一）整理会计凭证

会计凭证装订前首先应将原始凭证、记账凭证等进行整理。对会计凭证应该进行分类整理，并按时间顺序进行排列。对于纸张面积较小的原始凭证，如公交车票，一般无法直接装订，未避免脱落可先按一定次序和类别排列，再粘贴于原始凭证粘贴单上。操作时注意应将同类单据粘在一起，从右至左粘贴，粘贴完毕后，在原始凭证粘贴单下方注明原始单据张数及合计金额。

对于纸张面积大于记账凭证的原始凭证，可按略小于记账凭证的面积尺寸进行折叠。折叠时按照先自右向后，再自下向上的顺序进行两次折叠。总之，应保证左上角装订区域为单层，以便装订以后仍可以展开查阅。在装订前，应将待装订的凭证左上角的回形针、钉书针等硬物细心清除，以保证钻针眼时高效、安全。最后取厚度为 2 厘米左右的凭证，以左上角为准，将其墩齐（见图 3－1、图 3－2）。

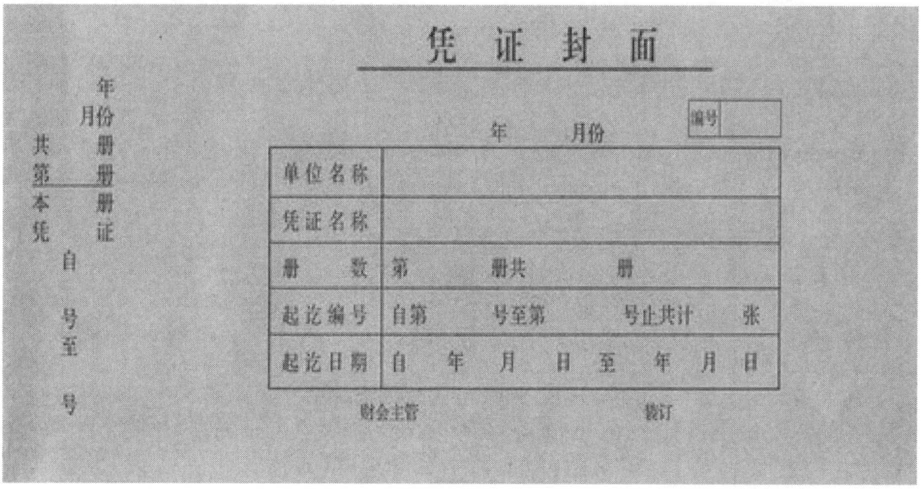
凭 证 封 面

年 月份

共 册
第 册
本 册
凭 证
自 号至 号

编号

年 月份

单位名称	
凭证名称	
册 数	第 册共 册
起讫编号	自第 号至第 号止共计 张
起讫日期	自 年 月 日至 年 月 日

财会主管 装订

图 3－1

抽出附件登记表

抽出日期			原附件证号码	抽出附件的详细名称	抽出理由	抽取人签章	会计主管签章	归还日期		
年	月	日						年	月	日

图 3－2

（二）装订会计凭证

装订会计凭证需要准备装订机（或钻孔器）、长尾夹、针、线、剪刀、胶水、凭证封皮、包角线等。具体装订步骤如下（见图 3－3、图 3－4）。

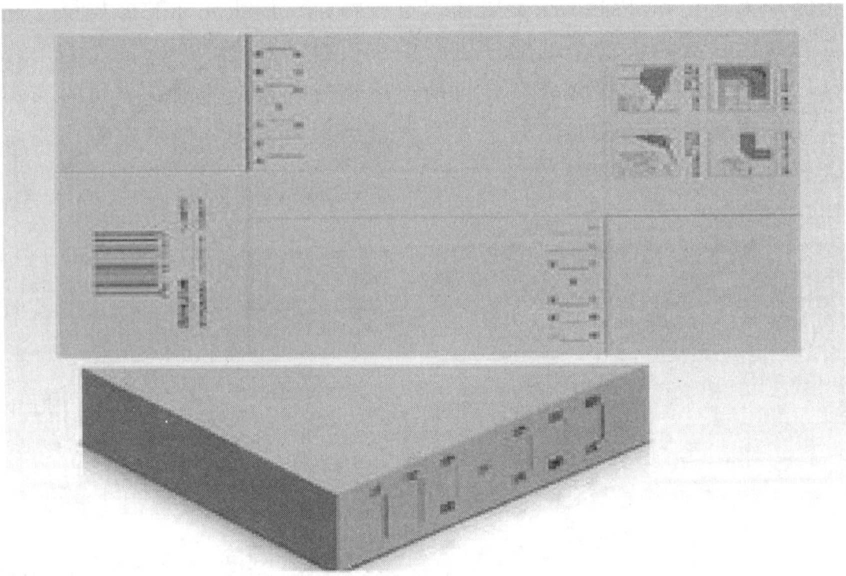

图 3－3

1. 放置封面、包角纸并固定。将准备好的凭证封面和凭证封底分别置于墩齐的待装订凭证前后，再将延虚线裁剪开的会计凭证专用包角纸置于封面左上角，以长尾夹固定。注意当穿线完毕，方可松开长尾夹。

2. 钻孔。在待装订凭证包角纸的左上角折叠线上横向取两点钻孔或者在折叠线上下各取一点纵向钻孔。

3. 穿线。用针引线实行两眼一线装订，在凭证的背面打结。

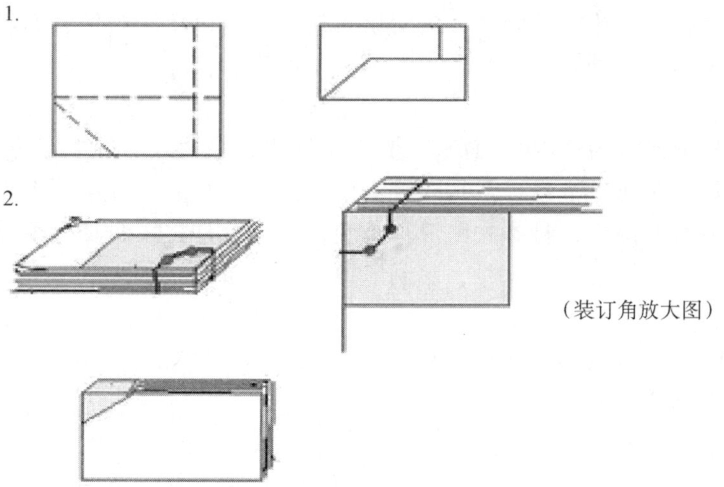

图 3－4

4. 包角。如下图所示将包角纸延三角折叠线向左上角折叠。然后将包角纸右上角和左上角两个剩余的小板块反折到凭证封底，粘在打好的绳结上，将绳结压在里面抹上胶水。

5. 填写封面。待胶水晾干后，应当填写凭证封面，并在凭证侧脊上写上“某年某月第几册”的字样。装订效果如图 3－5 所示。

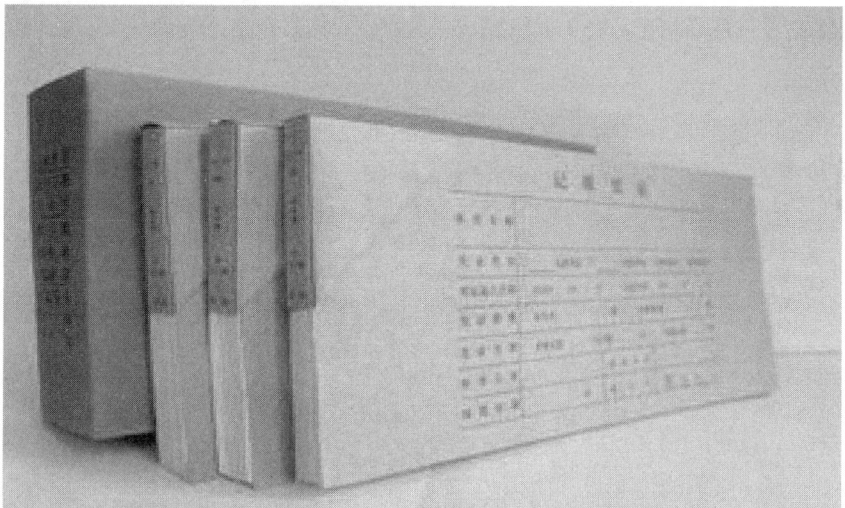

图 3－5

6. 其他装订要求某些记账凭证所附的原始凭证数量很多，可以将原始凭证单独装订保管。但应当将原始凭证张数、金额标注在所属的记账凭证上，方便日后核对。

（三）会计档案的整理保管

1. 报表整理

年报定为永久，月报、季报定为短期，年报与月报、季报分开组卷，每卷要编写页码，加会计档案封面封底，三孔一线装订，按实填写封面内容，年度与保管期限结合编一个案卷流水号，编制报表案卷目录。

2. 账簿整理

现金和银行日记账定为30年，总账、分类明细账、多栏式明细账定为30年，固定资产账簿定为永久。每本账簿一个卷，活页式账本要抽掉空白页，每卷编写页码，加会计档案封皮分开装订，填写封面内容，订本式账簿不拆装，只加会计档案封皮，填写封面，账簿按年度与保管期限结合编一个案卷流水号，编制账簿案卷目录。

3. 会计凭证整理

凭证定为30年，不拆装，按时间顺序编写案卷号，装入会计档案凭证专用盒，按盒上内容据实填写。编制凭证案卷目录。

4. 其他资料整理

银行存款余额调节表、银行对账单定为短期，会计档案移交清册定为长期，会计档案销毁清册定为永久，按保管期限组卷，每卷要编页码，加会计档案封面封底，三孔一线装订，填写封面内容。按年度与保管期限结合编一个案卷流水号，编制其他资料案卷目录。

5. 会计档案应当由会计机构按照归档要求，负责整理归档，保管一年后，移交本单位档案机构统一保管。

移交本单位档案机构保管的会计档案，原则上应当保持原卷册的封装，个别需要拆封重新整理的，档案机构应当会同会计机构和经办人员共同拆封整理，以分清责任。出纳人员不得兼管会计档案（见图3-6、表3-13）。

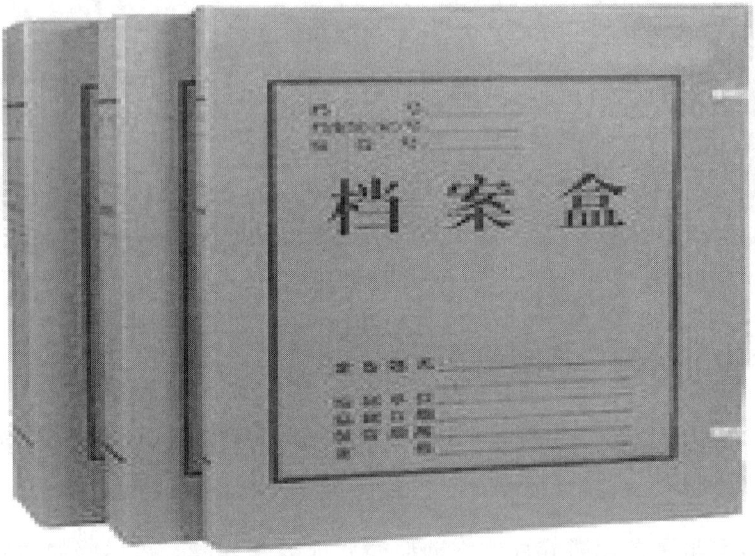

图3-6

表 3-13　企业和其他组织会计档案保管期限表

序号	档案名称	保管期限	备注
一	会计凭证		
1	原始凭证	30 年	
2	记账凭证	30 年	
二	会计账簿		
3	总账	30 年	
4	明细账	30 年	
5	日记账	30 年	
6	固定资产卡片		固定资产报废清理后保管 5 年
7	其他辅助性账簿	30 年	
三	财务会计报告		
8	月度、季度、半年度财务会计报告	10 年	
9	年度财务会计报告	永久	
四	其他会计资料		
10	银行存款余额调节表	10 年	
11	银行对账单	10 年	
12	纳税申报表	10 年	
13	会计档案移交清册	30 年	
14	会计档案保管清册	永久	
15	会计档案销毁清册	永久	
16	会计档案鉴定意见书	永久	

（四）会计档案的查阅利用

1. 各单位保存的会计档案不得借出。如有特殊需要，经本单位负责人批准，可以提供查阅或者复制，并办理登记手续，查阅或者复制会计档案的人员，严禁在会计档案上涂画、拆封和抽换。

2. 要有查借阅登记簿。

（五）会计档案的销毁

由本单位档案机构会同会计机构提出销毁意见，编制销毁清册。（主要需列明销毁会计档案的名称、卷号、册数、起止年度和档案编号、应保管期限、已保管期限、销毁时间等内容）。

债权债务和涉及其他未了事项的原始凭证不得销毁，应当单独抽出立卷，保管到未了事项完结时为止，单独抽出立卷的会计档案，应当在销毁清册中列明。正在项目建设期间的建设单位，其保管期满的会计档案不得销毁。单位负责人在销毁清册上签署意见。销毁时，应当由档案机构和会计机构共同派员监销，监销人在销毁清册上签字。

第四章 DISIZHANG

会计账簿实训

一、建账

【模拟操作】

东北电机有限公司 2020 年 8 月初部分账户余额如下：

要求：根据东北电机有限公司 2020 年 8 月初各账户余额，建立相关总账、日记账、明细账（见表 4－1 至表 4－16）。

表 4－1　科目余额表

科目代码	科目名称	余额方向	金额（元）
1001	库存现金	借	4 500. 00
1002	银行存款（建行存款）	借	553 379. 40
	应收账款	借	300 000. 00
	德奥动力有限公司	借	200 000. 00
	白云液压机械厂	借	100 000. 00
1403	原材料	借	487 900. 00

表 4－2　原材料明细表

原材料名称	数量	单价	金额（元）
电机定转子冲片	8 000 片	10. 95 元/片	87 600
轴承	18 个	6 300 元/个	113 400
转子	25 个	7 300 元/个	182 500
300C 电机	6 台	16 400 元/台	98 400
耐磨润滑油	400 升	15 元/升	6 000
			487 900

表 4－3

总分类账

会计科目：　　　　　　　　　　　　　　　　第　　页

年		记账凭证		摘要	借方										√	贷方										√	借或贷	余额									
月	日	字	号		千	百	十	万	千	百	十	元	角	分		千	百	十	万	千	百	十	元	角	分			千	百	十	万	千	百	十	元	角	分

表 4－4

总分类账

会计科目：　　　　　　　　　　　　　　　　第　　页

年		记账凭证		摘要	借方										√	贷方										√	借或贷	余额									
月	日	字	号		千	百	十	万	千	百	十	元	角	分		千	百	十	万	千	百	十	元	角	分			千	百	十	万	千	百	十	元	角	分

表 4－5 **总分类账**

会计科目：　　　　　　　　　　　　　　　　　　　　　　　　　　第　　页

年		记账凭证		摘要	借　方										√	贷　方										√	借或贷	余　额									
月	日	字	号		千	百	十	万	千	百	十	元	角	分		千	百	十	万	千	百	十	元	角	分			千	百	十	万	千	百	十	元	角	分

表 4－6 **总分类账**

会计科目：　　　　　　　　　　　　　　　　　　　　　　　　　　第　　页

年		记账凭证		摘要	借　方										√	贷　方										√	借或贷	余　额									
月	日	字	号		千	百	十	万	千	百	十	元	角	分		千	百	十	万	千	百	十	元	角	分			千	百	十	万	千	百	十	元	角	分

表 4－7

现金日记账

年		记账凭证		摘要	对方科目	借方										√	贷方										√	余额									
月	日	字	号			千	百	十	万	千	百	十	元	角	分		千	百	十	万	千	百	十	元	角	分		千	百	十	万	千	百	十	元	角	分

表 4－8

银行存款日记账

年		记账凭证		摘要	票据		对方科目	借方										√	贷方										√	余额									
月	日	字	号		种类	号数		千	百	十	万	千	百	十	元	角	分		千	百	十	万	千	百	十	元	角	分		千	百	十	万	千	百	十	元	角	分

表 4 - 9

明细分类账

子目：　　　　　　　　　　　　　　　　　　　　　　　　　　第　　页

年		记账凭证		摘要	借方										√	贷方										√	借或贷	余额									
月	日	字	号		千	百	十	万	千	百	十	元	角	分		千	百	十	万	千	百	十	元	角	分			千	百	十	万	千	百	十	元	角	分

表 4 - 10

明细分类账

子目：　　　　　　　　　　　　　　　　　　　　　　　　　　第　　页

年		记账凭证		摘要	借方										√	贷方										√	借或贷	余额									
月	日	字	号		千	百	十	万	千	百	十	元	角	分		千	百	十	万	千	百	十	元	角	分			千	百	十	万	千	百	十	元	角	分

表 4 - 11

明细分类账

子目：　　　　　　　　　　　　　　　　　　　　　　　　　　第　　页

年		记账凭证		摘要	借方										√	贷方										√	借或贷	余额									
月	日	字	号		千	百	十	万	千	百	十	元	角	分		千	百	十	万	千	百	十	元	角	分			千	百	十	万	千	百	十	元	角	分

表 4－12

明细分类账

品名：　　　　　　　　　　　　　　　　　　　　　　　　　　　　　　规格：

存放地点：　　　　　　　　　　　　　　　　　　　　　　　　　　　　计量单位：

年		凭证号	摘要	收入			发出			结存		
月	日			数量	单价	金额	数量	单价	金额	数量	单价	金额

表 4－13

明细分类账

品名：　　　　　　　　　　　　　　　　　　　　　　　　　　　　　　规格：

存放地点：　　　　　　　　　　　　　　　　　　　　　　　　　　　　计量单位：

年		凭证号	摘要	收入			发出			结存		
月	日			数量	单价	金额	数量	单价	金额	数量	单价	金额

表 4－14

明细分类账

品名：　　　　　　　　　　　　　　　　　　　　　　　　　　　　　　规格：

存放地点：　　　　　　　　　　　　　　　　　　　　　　　　　　　　计量单位：

年		凭证号	摘要	收入			发出			结存		
月	日			数量	单价	金额	数量	单价	金额	数量	单价	金额

表 4－15　　明细分类账

品名：　　　　规格：

存放地点：　　　　计量单位：

年		凭证号	摘要	收入			发出			结存		
月	日			数量	单价	金额	数量	单价	金额	数量	单价	金额

表 4－16　　明细分类账

品名：　　　　规格：

存放地点：　　　　计量单位：

年		凭证号	摘要	收入			发出			结存		
月	日			数量	单价	金额	数量	单价	金额	数量	单价	金额

二、日记账的登记

【模拟操作】

东北电机有限公司 2020 年 8 月发生的业务，详见书后附录 1。

要求：请选择该月编制并审核好的相应记账凭证登记现金日记账及银行存款日记账，账页见任务一建好的现金日记账及银行存款日记账。

三、总账和明细账的平行登记

【模拟操作】

东北电机有限公司 2020 年 8 月发生的业务详见附录 1。

要求：

1. 请选择该月编制并审核好的相应记账凭证登记原材料总账和明细账、应收账款总账和明细账，账页见任务一。

2. 编制总分类账和明细分类账本期发生额及余额对照表进行核对（见表 4－17、表 4－18）。

表 4－17　　**总分类账和明细分类账本期发生额及余额对照表**

明细账	期初余额	本期借方发生额	本期贷方发生额	期末余额
合计				
总账				

表 4－18　　**总分类账和明细分类账本期发生额及余额对照表**

明细账	期初余额	本期借方发生额	本期贷方发生额	期末余额
合计				
总账				

四、横线登记式明细账的登记

【模拟操作】

东北电机有限公司 2020 年 8 月发生的业务详见附录 1。

要求：请根据本月其他应收款的相关会计凭证登记明细分类账（见表 4－19）。

表 4－19　　**其他应收款——备用金明细分类账**

2020 年		凭证号	摘要	借方			2020 年		凭证号	摘要	贷方			余额
月	日			原借	补付	合计	月	日			报销	退回	合计	

第五章 DIWUZHANG

财务报告编制实训

一、财务报告编制规范

(一) 财务报告的组成

根据《会计法》的规定，财务会计报告由会计报表、会计报表附注和财务情况说明书组成。

1. 会计报表

会计报表是财务会计报告的主要组成部分。它是根据会计账簿记录和有关资料，按照规定的报表格式，总括反映一定期间的经济活动和财务收支情况及其结果的一种报告文件。公司、企业的会计报表主要包括资产负债表、利润表、现金流量表、所有者权益变动表及有关附表。

2. 会计报表附注

会计报表附注是对会计报表的补充说明，也是财务会计报告的重要组成部分。会计报表附注主要包括两项内容：一是对会计报表各要素的补充说明，二是对那些会计报表中无法描述的其他财务信息的补充说明。以公司、企业为例，会计报表附注的内容一般包括：会计报表各项目的增减变动情况；公司、企业所采用的基本会计假设；公司、企业所采用的主要会计政策、会计估计及其变更；关联方关系及其交易；或有事项和资产负债表日后事项；其他重大事项等。

3. 财务情况说明书

财务情况说明书是对单位一定会计期间内财务、成本等情况进行分析总结的书面文字报告，也是财务会计报告的重要组成部分。公司、企业的财务情况说明书的内容一般包括：公司、企业生产经营状况；税金缴纳情况；各种财产物资变动情况；其他需要说明的事项。

(二) 财务报告的编制要求

根据《会计法》规定，会计报告编报的基本要求是数字真实、计算准确、内容完整、报送及时。

财务会计报告编报的具体要求是：

1. 关于编制依据的要求

编制财务会计报告，必须根据经过审核无误的会计账簿记录和有关资料进行，做到数字真实、计算准确、内容完整、说明清楚，任何人不得篡改或者授意、指使、强令他人篡改财务会计报告的有关数字。

2. 关于编制格式的要求

编制财务会计报告，应当根据国家统一的会计制度规定的格式和要求进行，认真编写会计报表附注及其说明，做到项目齐全，内容完整。

3. 关于编制标准一致的要求

单位向不同的会计资料使用者提供的财务会计报告，其编制的依据应当一致。根据《会计基础工作规范》第六十八条的规定，会计报表之间、会计报表各项目之间，凡有对应关系的数字，应当相互一致；本期会计报表与上期会计报表之间的有关的数字应当相互衔接；如果不同会计年度会计报表中各项目的内容和核算方法有变更的，应当在年度会计报表中加以说明。

（三）编制会计报表前的准备工作

在编制会计报表前准备阶段，主要进行以下工作：

1. 检查当期业务是否全部入账

认真检查当期发生的各项经济业务是否已全部填制记账凭证，并据以登记与业务相关的总分类账、明细分类账和日记账。检查时尤其应注意有无将当期经济业务推移至下期入账或下期经济业务提前至当期入账的情况，如有上述情况，应于结账前分别进行相应处理。

2. 根据权责发生制原则整理（调整）账簿记录

在实行权责发生制单位，应按照当期发生的权利和责任计算收入与支出的要求，确定当期的经营成果；需要编制调整分录，据以整理账簿记录。整理记录包括：应计账项调整和期末账项结转。

应计账项调整主要有：按工资总额规定比例提取应付职工薪酬、工会经费；按规定比例提取机器设备的折旧费；预提当月应负担银行借款利息；计算当期应付税金等事项。

期末账项结转主要有：将当期的全部销售收入、营业外收入结转至本年利润账户；将与收入对应的销售成本、销售税金、销售费用、营业外支出同时结转至本年利润账户；将已发放工资分配计入各有关账户；汇总结转当期的材料消耗，确定期末库存材料成本；汇集间接费用，将其分配结转至生产成本账户；计算完工产品成本，结转到产成品账户；计算销售成本，结转至销售成本账户等事项。

3. 核对账簿记录保证账账相符

会计报表主要依据账簿资料所编制，为保证报表指标的正确无误，必须在编表前检查账簿记录的正确性。核对账目包括内部核对和外部核对两方面内容。

内部核对是指，要将总账账户的借方余额合计数与贷方余额合计数进行核对。外部核对是以往来款项为核对对象，如与国家税务部门之间应交、已交税款的核对，与银行之间借款、还款的核对等。通过账目的内部核对和外部核对，保证账账相符，为编制会计报表准备前提条件。

4. 清查财产保证账实相符

为保证会计报表指标的真实可信，还要求账簿所记录的各项财产结存情况应与实际结存情况保持一致，因此，要进行账实核对，以确保账实相符。在编制会计报表前，按照有关规定应对全部财产进行财产清查。

对于清查中出现的盘盈、盘亏和损失等情况，应编制相应的会计分录，并据以登记入账，使各项财产的账面记录结存数与实际结存数保持一致，为编制会计报表奠定客观基础。

5. 结束当期账簿记录

在确认当期发生的经济业务、调整账项及有关转账业务已全部登记入账后，分别结计总分类账、日记账、明细分类账和明细账各账户的当期发生额和余额，结束本期账簿记录。企事业单位不得在办理结账手续前编制会计报表，也不得为赶编会计报表而提前结账。

（四）编制会计报表的一般方法

1. 资产负债表的编制

资产负债表包括表首、正表、附表及附注等内容。表首说明企业的名称、报表名称、编制报表的日期、计量单位。补充资料、附注和附列资料的数据应根据有关账户及备查簿的记录分析填列，必要时加以文字解释和说明。

资产负债表“年初数”栏内各项数字，应根据上年末资产负债表“期末数”栏内所列数字填列。资产负债表“期末数”栏内各项数字，应根据会计账簿记录填列。大多数报表项目可以直接根据账户余额填列，少数报表项目则要根据账户余额进行分析、计算后才能填列。其编制方法一般有以下几种情况：

（1）根据总分类账户余额直接填列。该表大多数项目都可以根据相应的总分类账户期末余额直接填列。具体项目有：“交易性金融资产”“应收票据”“坏账准备”“其他应收款”“固定资产原价”“累计折旧”“无形资产”“资本公积”“应付职工薪酬”“应交税费”“应付利润”“实收资本”“盈余公积”等项目。

（2）根据明细分类账户余额直接填列。具体项目有：“待处理流动资产净损失”和“待处理固定资产净损失”两个项目，应分别根据“待处理财产损溢”总分类账户所属“待处理流动资产损溢”和“待处理固定资产损溢”两个明细分类账户的期末借方余额填列。

（3）根据若干总分类账户余额分析计算填列。具体项目有：“货币资金”“存货”“长期投资”“固定资产净值”“未分配利润”及“非流动性负债”等有关项目。其中：

“货币资金”项目，应根据“现金”“银行存款”等账户期末余额合计填列；“存货”项目，应根据“原材料”“材料采购”“库存商品”“生产成本”等账户的期末余额计算填列；

“未分配利润”项目，应根据“本年利润”“利润分配”账户期末余额计算填列。

“非流动性负债”中的各项目，应分别根据“长期借款”“应付债券”“长期应付款”账户期末余额，扣除将在一年内到期的数额后的余额填列。扣除数额部分列入“短期负债”的相关账户。

（4）根据若干明细分类账户余额分析计算填列。具体项目有：“应收账款”“预付账款”“应付账款”“预收账款”等项目。

此外，资产负债表中资产项目的金额大多是根据资产类账户的借方余额填列，如果出现贷方余额，则以“－”号表示；负债项目的金额大多是根据负债类账户的贷方余额填列，如果出现借方余额，也以“－”号表示；“未分配利润”项目如果是未弥补亏损，也以“－”号表示。

2. 利润表的编制

利润表是反映企业经营成果的动态报表，所以在编制时，应根据有关损益类账户的发生额填列。

（五）会计报表的审核、报送和保管规范

1. 会计报表的审核

为了保证会计报表正确无误，会计报表编制完成以后，必须对报表编制的完整性、合理性、正确性和真实性经过认真审核，才能上报。

会计报表审核的主要内容有：

（1）会计报表的种类是否按要求填制齐全，要求填列的项目是否全部填列。

（2）会计报表各项目数字是否正确，有关小计、合计、总计或差额计算是否正确；表内及表与表之间的勾稽关系是否正确。

（3）会计报表中需要加以说明的问题，是否有相应的文字说明，补充资料是否填列完整。

审核会计报表是一项细致工作，各企业单位应指派专人负责审核工作，以保证报表的质量符合要求。

2. 会计报表的报送和保管

会计报表审核无误后，应及时报送。对外报送的财务报告，应当依次编写页码，加具封面，装订成册，加盖公章。

会计报表封面上应当注明：单位名称，单位地址，财产报告所属年度、季度、月度，送出日期，并由单位负责人和主管会计工作的负责人、会计机构负责人（会计主管人员）签名并盖章；设置总会计师的单位，还须由总会计师签名并盖章。

会计报表编制完成并按时报送后，留存的报表也应按月装订成册。

会计报表的装订顺序是：

（1）会计报表封面。

（2）会计报表编制说明。

（3）各种会计报表按会计报表的编号顺序排列。

（4）会计报表封底。

会计报表在会计部门保管一年，满一年后应开列清册，移交档案部门进行保管。若会计报表由会计部门负责归档保管的，应设专屋或专柜保管。

二、模拟实训中会计报表的编制

（一）根据第三章的记账凭证与第四章的会计账簿的相关数据及2020年8月1日权益类账户总账期初余额：应付账款（贷方）250 000元，短期借款（贷方）300 000元，实收资本（贷方）545 000元，利润分配（贷方）250 779.40元，编制试算平衡表（见表5－1）。

表 5－1 **试算平衡表**

编制单位：　　　　　　　　　　年　月　日　　　　　　　　　　单位：元

会计科目	期初余额		本期发生额		期末余额	
	借方	贷方	借方	贷方	借方	贷方

（二）根据试算平衡表相关数据，编制会计报表（见表5－2、表5－3）。

表5－2 **资产负债表** 会企01表

编制单位： 年 月 日 单位：元

资产	期末余额	年初余额	负债和所有者权益	期末余额	年初余额
流动资产：			**流动负债：**		
货币资金			短期借款		
以公允价值计量且其变动记入当期损益的金融资产			以公允价值计量且其变动记入当期损益的金融负债		
应收票据			应付票据		
应收账款			应付账款		
预付款项			预收款项		
应收利息			应付职工薪酬		
应收股利			应交税费		
其他应收款			应付利息		
存货			应付股利		
一年内到期的非流动资产			其他应付款		
其他流动资产			一年内到期的非流动负债		
流动资产合计			其他流动负债		
非流动资产：			流动负债合计		
可供出售金融资产			**非流动负债：**		
持有至到期投资			长期借款		
长期应收款			应付债券		
长期股权投资			长期应付款		
投资性房地产			专项应付款		
固定资产			预计负债		
工程物资			递延所得税负债		
在建工程			其他非流动负债		
固定资产清理			非流动负债合计		
生产性生物资产			负债合计		
油气资产			**所有者权益（股东权益）：**		
无形资产			实收资本（股本）		
开发支出			资本公积		
商誉			减：库存股		
长期待摊费用			其他综合收益		
递延所得税资产			盈余公积		
其他非流动资产			未分配利润		
非流动资产合计			所有者权益合计		
资产总计			负债和所有者权益总计		

表 5-3　　　　利润表　　　　会企 02 表

编制单位：　　　　年　月　　　　单位：元

项目	本期金额	上期金额
一、营业收入		
减：营业成本		
税金及附加		
销售费用		
管理费用		
财务费用		
资产减值损失		
加：公允价值变动收益（损失以“-”号填列）		
投资收益（损失以“-”号填列）		
其中：对联营企业和合营企业的投资收益		
二、营业利润（亏损以“-”号填列）		
加：营业外收入		
其中：非流动资产处置利得		
减：营业外支出		
其中：非流动资产处置损失		
三、利润总额（亏损以“-”号填列）		
减：所得税费用		
四、净利润（亏损以“-”号填列）		
五、其他综合收益的税后净额		
（一）以后不能重分类进损益的其他综合收益		
（二）以后将重分类进损益的其他综合收益		
权益法下在被投资单位以后将重分类进损益的其他综合收益中享有的份额		
六、综合收益总额		
七、每股收益		
（一）基本每股收益		
（二）稀释每股收益		

第六章 DILIUZHANG

财经基本知识和基本技能

一、点钞的基本技能

点钞又称票面整点，是按照一定方法查点票币数额的工作。依据使用工具的不同，可分为手工点钞和机器点钞两大类，在此主要介绍手工点钞。

（一）手工点钞基本环节

1. 拆把持钞

即把待点的成把钞票的腰条拆掉。

2. 点数

即手中点钞、脑中计数，要求做到快、好、准。值得注意的是，采用单指单张点钞法时，按照平常的计数法（1，2，3，4，5，6，7，8，9，10，11，12……）往往脑子的计数速度跟不上手上的点钞速度，所以计数应该采用分组计数法，即：

1，2，3，　4，　5，　6，　7，　8，　9，1

1，2，3，　4，　5，　6，　7，　8，　9，2

1，2，3，　4，　5，　6，　7，　8，　9，3

……

或者，

1，2，　3，　4，　5，　6，　7，　8，　9，　10

2，2，　3，　4，　5，　6，　7，　8，　9，　10

3，2，　3，　4，　5，　6，　7，　8，　9，　10

……

采用单（多）指多张法时，以多张为一组，计一次数。如采用手持式四指拨动点钞法时，每点四张钞券为一次，每次计一个数，25 次即为 100 张。

3. 扎把

即把点准的一百张钞票墩齐，用腰条扎紧。

4. 盖章

即在钞票扎好的腰条上加盖经办人名章，以明确责任。

（二）手工点钞基本要领

1. 坐姿端正

点钞要求坐姿端正，具体来说应该是直腰挺胸，身体自然，肌肉放松，双脚平放地面，两小臂置于桌面边缘，左手腕部紧贴桌面，右手腕部稍抬起，手指活动自如，轻松持久。

2. 用品定位

点钞用品包括点钞券、海绵缸、腰条、印泥、图章等，应该按照固定顺序置于桌面，以便点钞时使用顺手。

3. 开扇均匀

使用手持式单指单张点钞法等方法的时候，点钞前必须先将票面打开成扇形，此时应注意每张钞券的间隔必须一致，使钞票有一定的坡度，便于捻动，不易夹张。

4. 点数准确

点钞务必要做到手、眼、脑高度配合，协调一致。而点数准确是点钞的关键环节，为保证点数的准确性，应精神集中、全神贯注并运用规范的指法。

5. 扎把牢固

一般将每一百张钞券捆扎为一小把，以单独提起把中第一张不被抽出为准。

6. 盖章清晰

腰条上的名章是分清责任的标志，所以要求点钞员清点钞券后盖章，名章要清晰可辨。

7. 动作连贯

点钞过程的各个环节必须密切配合、环环相扣方能保证点钞质量和提高点钞效率，要求清点过程中双手动作协调流畅、娴熟规范、速度均匀，且避免不必要的小动作。

8. 快速整洁

快速要求在清点准确的基础上提高清点和捆扎速度，整洁是指点钞程序完成后，桌面物品应摆放有序、干净整洁。

（三）手工点钞常用方法

手工点钞的方法很多，在此介绍常用的几种：手持式单指单张点钞法、手按式单指单张法、手持式一指多张点钞法、扇面式点钞法。

1. 手持式单指单张点钞法

用一个手指一次点一张的方法叫单指单张点钞法。这种方法是点钞中最基本也是最常用的一种方法，使用范围较广，频率较高，适用于收整点各种新旧大小钞票。这种点钞方法由于持票面小，能看到票面的3/4，容易发现假钞票及残破票，缺点是点一张记一个数，比较费力（见图6－1）。

图6－1

（1）持票。左手横执钞票，下面朝向身体，左手拇指在钞票正面左端约1/4处，食指面与指指与中指在钞票背面与拇指同时捏住钞票，无名指与小指自然弯曲并伸向票前左下方，与中指夹紧钞票，食指伸直，拇指向上移动，按住钞票侧面，将钞票压成瓦形，左手将钞票从桌面上擦过，拇指顺势将钞票向上翻成微开的扇形，同时，右手拇指、食指点水作点钞准备。

（2）清点。左手持钞并形成瓦形后，右手食指托住钞票背面右上角，用拇指尖逐张向下捻动钞票右上角，捻动幅度要小，不要抬得过高。要轻捻，食指在钞票背面的右端配合拇指捻动，左手拇指按捏钞票不要过紧，要配合右手起自然助推的作用。右手的无名指将捻起的钞票向怀里弹，要注意轻点快弹。

2. 手按式单指单张法

（1）持票。将准备清点的钞票横置于桌面，正对点钞者，左手中指、无名指以及小指按住钞票左前角处。

（2）清点。用右手拇指托起钞票的一部分，用右手食指捻动票面，使最上面的一张与小叠钞票分离，用左手的拇指和食指隔开这张已分离的钞票，连续动作并计数（见图6-2）。

图6-2

3. 手持式一指多张点钞法

点钞时，一指同时点两张或两张以上的方法叫单指多张点钞法。它适用于收款、付款和各种券别的整点工作。点钞时记数简单省力，效率高。但也有缺点，就是在一指捻几张时，由于不能看到中间几张的全部票面，所以假钞和残破票不易发现。

这种点钞法是在单指单张点钞法的基础上发展起来的。

（1）持票。左手横执钞票，下面朝向身体，左手拇指在钞票正面左端约1/4处，食指与中指在钞票背面与拇指同时捏住钞票，无名指与小指自然弯曲并伸向票前左下方，与中指夹紧钞票，食指伸直，拇指向上移动，按住钞票侧面，将钞票压成瓦形，左手将钞票从桌面上擦过，拇指顺势将钞票向上翻成微开的扇形，同时，右手拇指、食指作点钞准备。

（2）清点。清点时，右手食指放在钞票背面右上角，拇指肚放在正面右上角，拇指尖超出票面，用拇指肚先捻钞。单指双张点钞法，拇指肚先捻第一张，拇指尖捻第二张。单指多张点钞法，拇指用力要均衡，捻的幅度不要太大，食指、中指在票后面配合捻动，拇指捻张，无名指向怀里弹。在右手拇指往下捻动的同时，左手拇指稍抬，使票面拱起，从侧边分层错开，便于看清张数，左手拇指往下拨钞票，右手拇指抬起让钞票下落，左手拇指在拨钞的同时下按其余钞票，左右两手拇指一起一落协调动作，如此循环，直至点完。

（3）计数。采用分组计数法，例如单指双张点钞法，则以两张为一组记一个数，100 张需计数 50 组。

4. 扇面式点钞法

把钞票捻成扇面状进行清点的方法叫扇面式点钞法。这种点钞方法速度快，是手工点钞中效率最高的一种。但它只适合清点新票币，不适于清点新、旧、破混合钞票（见图6－3）。

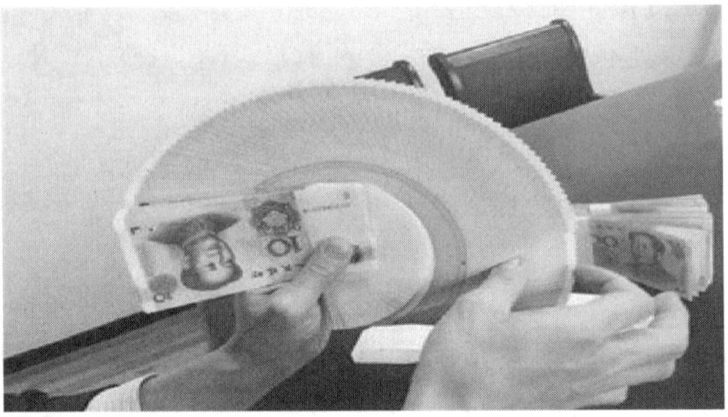

图 6－3

（1）持钞。钞票竖拿，左手拇指在票前下部中间票面约 1/4 处。食指、中指在票后同拇指一起捏住钞票，无名指和小指拳向手心。右手拇指在左手拇指的上端，用虎口从右侧卡住钞票成瓦形，食指、中指、无名指、小指均横在钞票背面，做开扇准备。

（2）开扇。开扇是扇面点钞的一个重要环节，扇面要开得均匀，为点数打好基础，做好准备。其方法是：以左手为轴，右手食指将钞票向胸前左下方压弯，然后再猛向右方闪动，同时右手拇指在票前向左上方推动钞票，食指、中指在票后面用力向右捻动，左手指在钞票原位置向逆时针方向画弧捻动，食指、中指在票后面用力向左上方捻动，右手手指逐步向下移动，至右下角时即可将钞票推成扇面形。如有不均匀的地方，可双手持钞抖动，使其均匀。打扇面时，左右两手一定要配合协调，不要将钞票捏得过紧，如果点钞时采取一按十张的方法，扇面要开小些，便于点清。

（3）点数。左手持扇面，右手中指、无名指、小指托住钞票背面，拇指在钞票右上角 1cm 处，一次按下五张或十张；按下后用食指压住，拇指继续向前按第二次，依此类推，同时左手应随右手点数速度向内转动扇面，以迎合右手按动，直到点完 100 张为止。

（4）合扇。清点完毕合扇时，将左手向右倒，右手托住钞票右侧向左合拢，左右手指向中间一起用力，使钞票竖立在桌面上，两手松拢轻墩，把钞票墩齐，准备扎把。

（四）扎把

点钞完毕后需要对所点钞票墩齐并进行扎把。通常是 100 张捆扎成一把，使用牛皮纸腰条，具体操作如下：

将点过的钞票 100 张墩齐，左手从长方向拦腰握住钞券，使之成瓦状（注意瓦状的幅度将影响扎钞的松紧，在捆扎过程中，瓦状幅度不得变动），右手握着腰条头将其从钞票长的方向夹入钞票的中间（离一端 1/3～1/4 处），从凹面开始绕钞票两周。在翻到钞票原转角处将腰条向右反转 90 度，将腰条尾部捆绕在钞票的腰条上，转两圈打结。

二、人民币真假的辨别和残伪钞处理的基本知识

当前流通的人民币我国陆续发行 5 套人民币钞券，目前，市场上流通的主要是第四套和第五套人民币（见图 6－4、图 6－5），而第五套人民币又分为 1999 年和 2005 年两个版本。

第四套人民币部分券别

图 6－4

1999年第五套人民币

图 6－5

（一）人民币的特点

1. 第四套人民币的特点。于 1987 年 4 月 27 日起陆续发行第四套人民币的券别，共九种：1 元、2 元、5 元、10 元、50 元、100 元六种主币和 1 角、2 角、5 角三种辅币。第四套人民币具有以下一些特点：

（1）在设计、制版上采用了复杂的雕刻技术、不易造假。

（2）钞票用纸采用了满版古线水印和固定人物头像水印，显出明暗层次。

（3）首次使用安全线，工艺技术很高。

（4）采用了荧光油墨，以及其他防伪技术。防伪性能加强，也反映了我国印钞技术水平的提高。

经国务院批准，中国人民银行决定自2018年5月1日起停止第四套人民币100元、50元、10元、5元、2元、1元、2角纸币和1角硬币（以下简称第四套人民币部分券别）在市场上流通。也就是说纸币中除了5角的继续流通，其他都要全部回收（见图6－6）。

图6－6

2. 第五套人民币的特点。于1999年开始发行的第五套人民币根据市场流通的需要，增加了20元面额，取消了2元面额，使面额结构更加合理。与第四套人民币相比，第五套人民币具有以下特点（见图6－7、图6－8）：

图 6 – 7

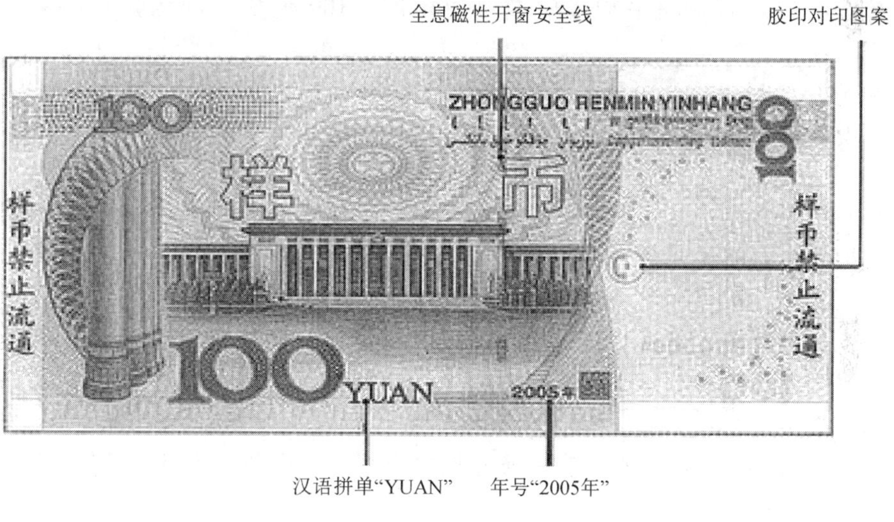

图 6 – 8

（1）由中国人民银行首次完全独立设计与印制，其印制技术已达到国际先进水平。

（2）主景人物、水印、面额数字均较以前放大，尤其是突出阿拉伯数字表示的面额，这样便于识别。

（3）应用了先进的科学技术，在防伪性能和适应货币处理现代化方面有了较大提高。因此是一套科技含量较高的人民币。

（4）第五套人民币在票幅尺寸上进行了调整，票幅宽度未变，长度缩小。

（二）第五套人民币的防伪特征

1. 水印

第五套人民币 100 元、50 元面额为毛主席头像固定水印；20 元、10 元、5 元和 1 元为花卉固定水印。

2. 红、蓝色纤维

在第五套人民币票面上，可以看到纸张中有红色和蓝色的纤维（1999 年版）。

3. 隐形面额数字

第五套人民币票面正面右上方有一些装饰图案，将票面置于与眼睛接近平行的位置，面对光源作旋转 45 度或 90 度，可以看到面额数字字样。

4. 光变面额数字

第五套人民币 100 元和 50 元正面左下方用新型油墨印刷了面额数字，当与票面垂直时和倾斜时会出现不同的颜色。

5. 阴阳互补对应图案

第五套人民币 100 元、50 元、20 元、10 元票面正面和反面各有一圆形局部图案，透光观察，两图案正好组成一个完整的古钱币图案。

6. 胶印缩微文字

第五套人民币票面上多处可看到"RMB"等字样。

7. 横竖双号码

第五套人民币票面正面采用横竖双号码印刷。100 元横号码为黑色，竖号码为蓝色（1999 年版）。

8. 双色异形横号码

第五套人民币票面正面左下角有双色异形横号码（2005 年版）。

9. 凹印手感线

第五套人民币票面正面主景图案右侧，有一组自上而下规则排列的线纹，采用雕刻凹版印刷，用手指触摸有明显凹凸感（2005 年版）。

10. 雕刻凹版印刷

第五套人民币票面主景毛主席头像、中国人民银行行名、盲文等均采用雕刻凹版印刷，用手指触摸有明显凹凸感。

11. 安全线

第五套人民币背面中间偏右，有一条磁性安全线，安全线上可见面额值。

12. 无色荧光图案

第五套人民币票面在正面行名下方胶印底纹处，在特定波长的紫外光下可以看到面额字样。

13. 专用纸张

第五套人民币采用特种原材料由专用钞造设备钞制的印钞专用纸张，在紫外光下无荧光反映。

14. 白水印

第五套人民币正面双色横号码下面，迎光透视，可以看到透光性很强的水印面额数字（2005 年版）。

15. 第五套人民币主景图案下方的面额数字后面，增加了人民币单位元的汉语拼音"YUAN"（2005 年版）。

（三）第五套新版百元人民币纸币面世

中国人民银行定于 2015 年 11 月 12 日起发行 2015 年版第五套人民币 100 元纸币（见图

6－9、图 6－10)，对比在保持规格、主图案、主色调等与 2005 年版第五套人民币 100 元纸币不变的前提下，对票面图案、防伪特征及其布局进行了调整，提高机读性能，采用了先进的公众防伪技术，使公众更易于识别真伪（见图 6－11 至图 6－14）。

图 6－9

中国人民银行
THE PEOPLE'S BANK OF CHINA

2015年版第五套人民币100元纸币

中国人民银行定于2015年11月12日起发行
2015年版第五套人民币100元纸币

2015年版第五套人民币100元纸币在保持2005年版第五套人民币100元纸币规格、正背面主图案、主色调、“中国人民银行”行名、国徽、盲文和汉语拼音行名、民族文字等不变的前提下，对部分图案做了调整，对整体防伪性能进行了提升。2015年版第五套人民币100元纸币发行后，与同面额流通人民币等值流通。

图 6－10

票面特征
中国人民银行
100
样币
壹佰圆
AA00000000
样币禁止流通
2015年版100元纸币正面

图 6－11

ZHONGGUO RENMIN YINHANG
100
样 币
100 YUAN
2015年
样币禁止流通
2015年版100元纸币背面

图 6－12

图 6 – 13

图 6 – 14

新版 100 元人民币防伪特征正面和背面一共包括七处，具体如下：

1. 光变镂空开窗安全线

光变镂空开窗安全线位于票面正面右侧。当观察角度由直视变为斜视时，安全线颜色由品红色变为绿色；透光观察时，可见安全线中正反交替排列的镂空文字“￥100”（见图 6 – 15、图 6 – 16）。

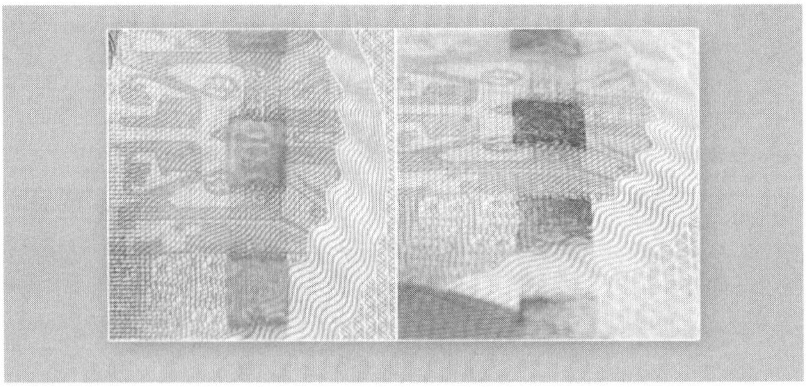

图 6－15

① 光变镂空开窗安全线

位于票面正面右侧。垂直票面观察，安全线呈品红色；与票面成一定角度观察，安全线呈绿色；透光观察，可见安全线中正反交替排列的镂空文字“￥100”。

图 6－16

2. 光彩光变数字

在票面正面中部印有光彩光变数字。垂直观察票面，数字“100”以金色为主；平视观察，数字“100”以绿色为主。随着观察角度的改变，数字“100”颜色在金色和绿色之间交替变化，并可见到一条亮光带在数字上下滚动（见图 6－17）。

② 光彩光变数字

位于票面正面中部。垂直票面观察，数字以金色为主；平视观察，数字以绿色为主。随着观察角度的改变，数字颜色在金色和绿色之间交替变化，并可见到一条亮光带上下滚动。

图 6－17

3. 人像水印

人像水印清晰度明显提升，层次更加丰富。透光观察，可见毛泽东头像（见图6－18）。

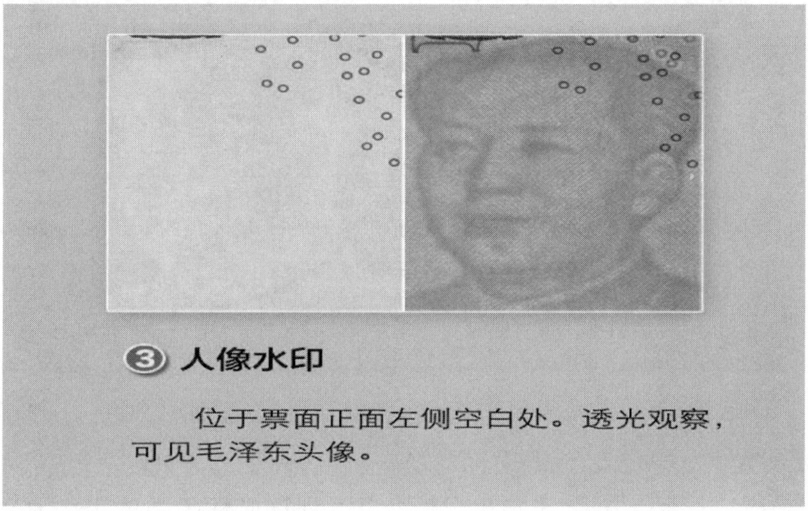

图6－18

4. 胶印对印图案

胶印对印图案由古钱币图案改为面额数字“100”，并由票面左侧中间位置调整至左下角（见图6－19）。

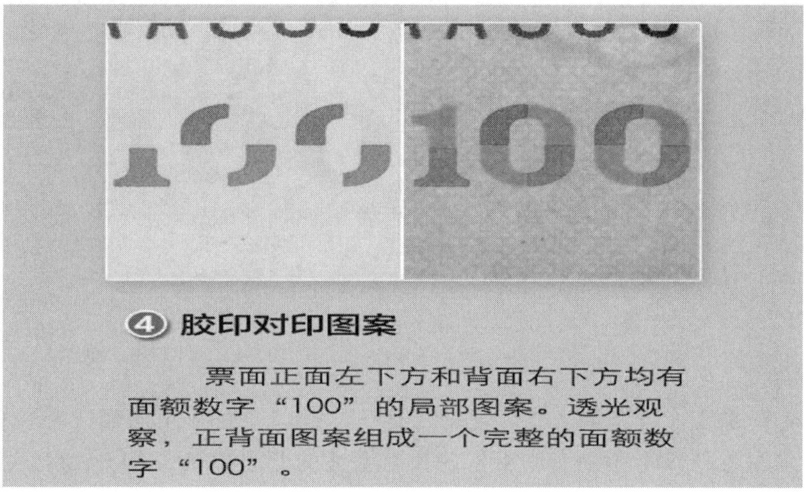

图6－19

5. 横竖双号码

票面正面左下方采用横号码，其冠字和前两位数字为暗红色，后六位数学为黑色；右侧竖号码为蓝色（见图6－20）。

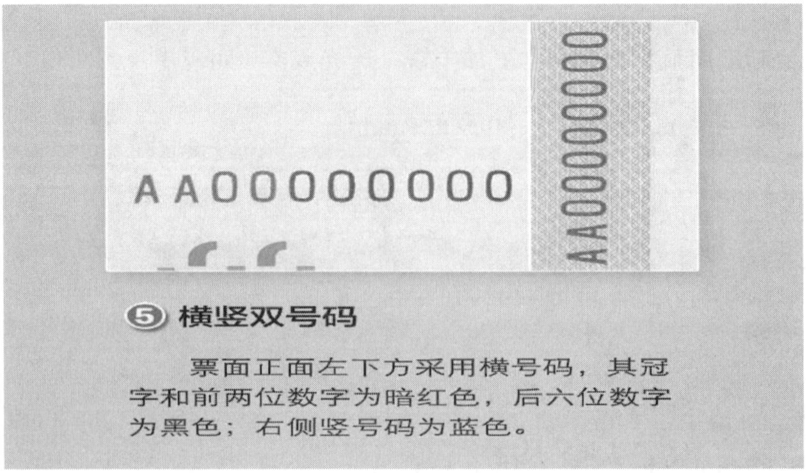

图 6－20

6. 白水印

位于票面正面横号码下方。透光观察，可以看到透光性很强的水印面额数字“100”（见图 6－21）。

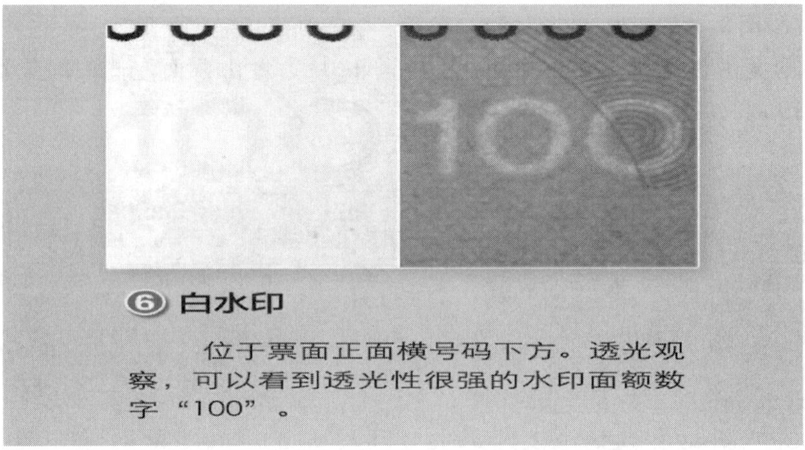

图 6－21

7. 雕刻凹印

票面正面毛泽东头像、国徽、“中国人民银行”行名、右上角面额数字、盲文及背面人民大会堂等均采用雕刻凹印印刷，用手指触摸有明显的凹凸感（见图 6－22、图 6－23）。

（四）识别真假人民币的基本方法

1. 眼看

（1）看固定水印（毛主席头像或花卉）。

（2）看白水印。

（3）看安全线。

（4）看光变油墨（仅针对 100 元、50 元、5 元）。

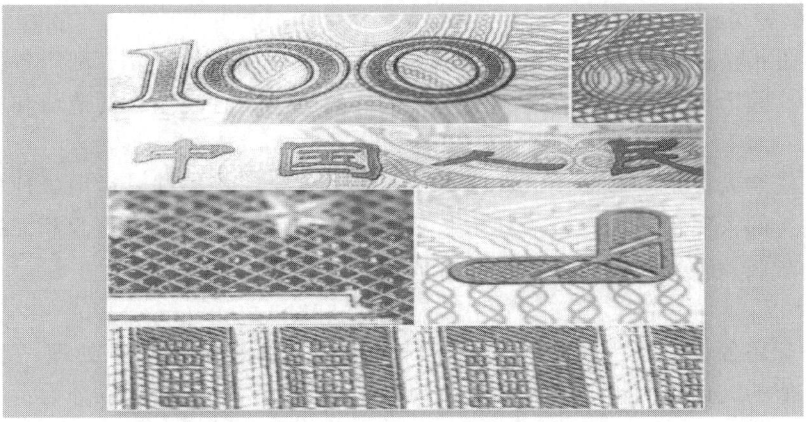

图 6 – 22

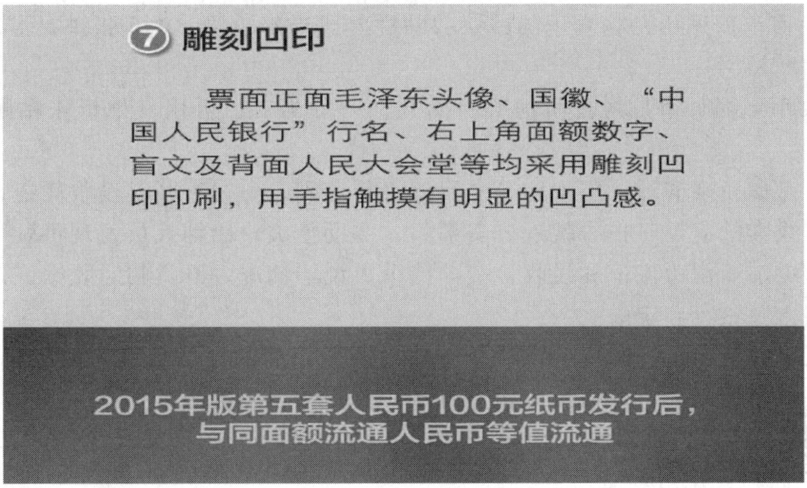

图 6 – 23

（5）看阴阳互补图案，是否清晰，是否衔接完美。

（6）看隐形面额数字。

（7）看缩微文字印刷。

2. 手摸

（1）摸头像、盲文点、中国人民银行行名、凹印手感线等处是否有凹凸感。

（2）摸纸币是否薄厚适中、挺括度好。

3. 耳听

通过抖动钞票使其发出声响，根据声音来分辨人民币真伪。人民币的纸张，具有挺括、耐折、不易撕碎的特点。手持钞票用力抖动、手指轻弹或两手一张一弛对称拉动，能听到清脆响亮的声音。

4. 机测

借助一些简单的工具和专用的仪器来分辨人民币真伪。如借助紫外线灯光照射票面，观察钞票纸张和油墨的荧光反映；借助磁性检测仪器检查安全线磁性等。

（五）假币种类及其处理

假人民币是指仿照真人民币的纸张、图案、水印、安全线等原样，利用各种技术手段非法制作的伪币。假币按照其制作方法和手段，大体可分为两种类型：伪造币和变造币。

1. 伪造币

伪造币是依照人民币真钞的用纸、图案、水印、安全线等原样，运用各种材器设备、技术手段模仿制造的人民币假钞。按照其仿制手段的不同可以分为：手绘假钞、蜡印假钞、石印假钞、手刻凸版假钞、拓印假钞、复印合成假钞、机制假钞等。

2. 变造币

变造币是利用各种形式、技术、方法等，对人民币真钞进行加工处理，改变其原有形态，并使其升值的人民币假钞。按照其对真币加工处理方法的不同可以分为：

（1）涂改币。涂改币是将真币票面金额用化学药剂涂掉，再用油墨或颜料加以涂改，使其面额增大的假钞。

（2）剪贴币。剪贴币是将真正的钞票剪贴拼凑成局部缺位，由 5 张拼 6 张，或者 8 张拼 10 张。

（3）揭页币。揭页币是将真币的纸层揭开，一分为二，再用其他纸张粘贴于背后的单面假钞。

收付现金时如发现假币，应立即送交附近银行鉴别，由银行开具没收凭证，予以没收处理，如有追查线索的应及时报告就近公安部门，协助侦破；出纳人员发现可疑币不能断定真假时，不得随意加盖假币戳记和没收，应向持币人说明情况，开具临时收据，连同可疑币及时送当地中国人民银行鉴定。

经中国人民银行鉴定，确属假币时，应按发现假币后的办法处理，如确定不是假币时，应及时将钞票退还持币人。假币没收属于银行、公安和司法部门。

（六）残缺、污损人民币的兑换

1. 残缺、污损人民币定义

残缺、污损人民币是指票面撕裂、损缺，或因自然磨损、侵蚀，外观、质地受损，颜色变化，图案不清晰，防伪特征受损，不宜再继续流通使用的人民币。

2. 残缺、污损人民币的兑换

残缺、污损人民币兑换分全额、半额两种情况。

（1）全额兑换。能辨别面额，票面剩余 3/4（含 3/4）以上，其图案、文字能按原样连接的残缺、污损人民币，金融机构应向持；应向持有人按原面额全额兑换。

（2）半额兑换。能辨别面额，票面剩余 1/2（含 1/2）至 3/4 以下，其图案、文字能按原样连接的残缺、污损人民币，金融机构应向持有人按原面额的一半兑换。根据《中国人民银行残缺污损人民币兑换办法》规定，凡办理人民币存取款业务的金融机构应无偿为公众兑换残缺、污损人民币，不得拒绝兑换。当然，凡残缺、污损人民币属于下列情况者，不予兑换：①票面残缺 1/2 以上者；②票面污损、熏焦、水湿、变色不能辨别真假者；③故意挖补、涂；④故意挖补、涂改、剪贴、拼凑、揭去一面者。

三、税务处理业务基本知识

（一）明确纳税申报机构

我国现行税务管理中，划分国家税局和地方税局二套管理体制，不同的税种，应向不同的税务机关申报缴纳。

（1）国家税局申报缴纳的主要税种有：增值税，消费税，车辆购置税；

（2）地方税局申报缴纳的主要税种有：城市维护建设税，教育费附加，地方教育费附加，资源税，土地增值税，城镇土地使用税，房产税，车船税，印花税，个人所得税等。

（3）企业所得税，除国家另有规定者外，企业所得税由纳税人在其所在地主管税务机关就地缴纳。所谓“所在地”是指纳税人的实际经营管理所在地。

（二）纳税时间的具体规定

企事业单位纳税时间的具体规定见表 6－1。

表 6－1

申报期	入库期	税种	备　注
1～15 日	1～15 日	个人所得税	个人所得税要按月申报，在次月 15 日前申报计缴完毕
1～10 日	1～10 日	资源税	资源税要按月申报，在次月 10 日前申报计缴完毕
1～15 日	1－15 日	增值税、消费税、城市维护建设税、教育费附加、企业所得税	增值税、消费税、城建税及教育费附加均是按月申报的，在次月 15 日前申报计缴完毕；企业所得税，可以按月申报，也可以按季度申报，看主管税务机关的规定，要求在次月 15 日前计缴完毕
1～15 日		无应纳税（费）款申报	本月什么税都不用缴，也要进行申报
1～31 日		个人所得税全员全额扣缴申报	不管是否要代扣个税，只要该个人从企业获得收入，就要进行个税申报
1 月 1 日至 3 月 31 日		“年所得 12 万元以上”纳税人自行纳税申报	个人除了免税所得，暂免征税所得外的所有所得，一年内超过 12 万元的，不管是否由支付单位代扣代缴了个人所得税，均要在次年 3 月底之前自行纳税申报
1 月 1 日至 5 月 31 日		年度企业所得税汇算清缴	每年均要做企业所得税汇算清缴，不管您是亏损还是盈利或者处于免税期，都要申报
主管税务机关自定		车船税、城镇土地使用税、房产税、印花税、土地增值税	这几个税种的计征方式由各省自定，请同学们关注主管地税局的规定

提示：根据《中华人民共和国税收征收管理法实施细则》第一百零九条的规定：

税收征管法及本细则所规定期限的最后一日是法定休假日的，以休假日期满的次日为期限的最后一日。

（三）税务发票相关知识

1. 发票的种类

目前常见的发票种类有增值税专用发票、普通发票和专业发票。

（1）增值税专用发票。增值税专用发票是指专门用于结算销售货物、提供加工修理修配劳务、进口货物、销售服务、销售无形资产和销售不动产使用的一种发票。增值税专用发票只限于增值税一般纳税人领购使用，增值税小规模纳税人不得领购使用。一般纳税人如有法定情形的，不得领购使用增值税专用发票。

（2）普通发票。普通发票主要由增值税一般纳税人和增值税小规模纳税人使用，增值税一般纳税人在不能开具专用发票的情况下也可使用普通发票。普通发票由行业发票和专用发票组成。行业发票适用于某个行业的经营业务，如商业批发统一发票、工业企业产品销售统一发票等；专用发票适用于某一经营项目，如广告费用结算发票、商品房销售发票等。

（3）专业发票。专业发票是指国有金融、保险企业的存贷、汇兑、转账凭证、保险凭证；国有邮政、电信企业的邮票、邮单、话务、电报收据；国有铁路、国有航空企业和交通部门、国有公路、水上运输企业的客票、货票等。专业发票是一种特殊种类的发票，但不套印发票监制章。

2. 发票领购流程

（1）办理依据。依据《中华人民共和国发票管理办法》第十五条，需要领购发票的单位，应当持企业营业执照、办税人身份证明、按照国务院税务主管部门规定式样制作的发票专用章的印模，向主管税务机关网上申请办理发票核定手续。

主管税务机关根据领购单位的经营范围和规模，确认领购发票的种类、数量以及领购方式，在5个工作日内税务局审批企业发票核定手续，符合规定后给予通过。单位领购发票时，应当按照税务机关的规定报告发票使用情况，税务机关应当按照规定进行查验。

（2）提供资料。通过《黑龙江省国家电子税务局》发票领用直接网上申请办理，也可以直接到办税大厅受理的，需要提供《纳税人领购发票票种核定申请表》（一式一份）、《营业执照》（副本）原件、办税人身份证复印件和原件（属委托代办发票领购的，需提交法定代表人或负责人的《授权委托书》），以及发票专用章印模等相关资料和印鉴。首次购电子版发票企业还需要购买《金税盘》，由企业自行选择在航信与百旺公司购买。

3. 增值税专用发票认证

增值税发票的认证方式有三种：

（1）增值税发票选择确认平台勾选认证（需要金税盘登入）。首先在电脑上连接好金税盘，然后登录网址，登入成功后自动转入主页面，点击菜单【发票勾选】，主界面跳转到发票勾选功能模块，选择开票的起始结束日期，查询结果会显示出你有多少的进项发票未认证，勾选你要认证的发票，点击保存，最后打印发票认证清单，可导出发票认证明细，所属期内的进项发票在本期申报期之前勾选认证的都可以本次申报中抵扣。勾选平台认证的，在申报期内认证所属期内的进项发票都能抵扣。

（2）增值税抵扣联扫描认证（需要CA证书登入）。首先安装认证软件和CA协卡助手，然后将电脑连接扫描仪插入CA证书，根据要求输入CA密码，扫描或手工录入发票信息，确保发票录入正确后，使用“认证发送”功能发送待认证发票，最后单击工具栏中的“认证反馈”按钮获取认证结果。扫描认证，只有在当月月底前认证的，才能在次月申报时抵扣。

（3）税务大厅认证。通过以上二种方式不能认证的，可以去税务局办税大厅认证。

四、珠算基本知识

珠算是以算盘为工具进行数字计算的一种方法，被誉为中国的第五大发明。珠算作为世界上“最古老的计算机”被联合国教科文组织列入人类非物质文化遗产名录（见图 6－24）。

图 6－24

算盘是中国古代劳动人民发明创造的一种简便的计算工具。“珠算”一词，最早见于汉代徐岳撰的《数术记遗》，其中有云：“珠算，控带四时，经纬三才”。珠算发明者是东汉的刘洪。

刘洪（约公元 129—210），字元卓，东汉泰山郡蒙阴县（今山东省临沂市蒙阴县）人，东汉鲁王刘兴后裔，是我国古代杰出的天文学家和数学家，珠算发明者和月球运动不均匀性理论发现者，被后世尊为“算圣”。

1. 珠算的历史渊源

珠算之名最早见于汉朝徐岳撰写的《数术记遗》。现在说珠算有 1800 多年的历史，应该就是根据这个时间点计算出来的。不过，那个时候的算盘运算法与今天还是有很大区别的。

宋代《清明上河图》中，可以清晰看到“赵太承家”药店柜台上放着一把算盘。现代珠算起于元明之间。元朝朱世杰的《算学启蒙》载有的 36 句口诀，即与今天的大致相同。明朝时逐步传入日本、朝鲜、泰国等地。元代刘因（1248～1293）《静修先生文集》中有题为《算盘》的五言绝句。元代画家王振鹏《乾坤一担图》（1310）中有一算盘图。元末陶宗仪《南村辍耕录》（1366）卷二十九“井珠”条中有“算盘珠”比喻。元曲中也提到“算盘”，由这些实例，可知宋元时期已应用珠算。

明代商业经济繁荣，在商业发展需要条件下，珠算术普遍得到推广，逐渐取代了筹算。现存最早载有算盘图的书是明洪武四年（1371）新刻的《魁本对相四言杂字》。现存最早的珠算书是闽建（福建建瓯县）徐心鲁订正的《盘珠算法》（1573）。流行最广，在历史上起作用最大的珠算书则是明朝程大位编的《直指算法统宗》。

2. 算盘的传统结构

我国传统算盘为上二珠下五珠，上面一粒表示“5”，下面一粒表示“1”，在用算盘进行计算时采用“五升十进制”，即每一档满“5”时便用一粒上珠表示，每一档满“10”时便向前一档进“1”。依此每一档只要用上一下四珠就够了，为什么我国传统算盘是上二下五珠呢？

主要原因是我国古代计算重量时采用的是“16两制”即一斤等于十六两。现代人常说的“某两个人半斤八两”，这是指他们彼此一样，不相上下。但是半斤是半斤，八两是八两，怎么会相等呢？

原来，我国古代重量单位制中规定一斤等于十六两，所以半斤就等于八两了。算盘种上二珠下五珠，每一档可计算到“15”，这满“16”就向前一档进一，所以我国传统的上二珠下五珠算盘是为适应十六进制而形成的。

还有一种说法是：我国古代乘法采用“留头乘”，上一珠不够用，必须要上二珠，一些老财会人员受了长期习惯影响，仍喜爱使用上二珠下五珠的算盘，但现在国内外使用的算盘均是上一珠下四珠（见图6－25）。

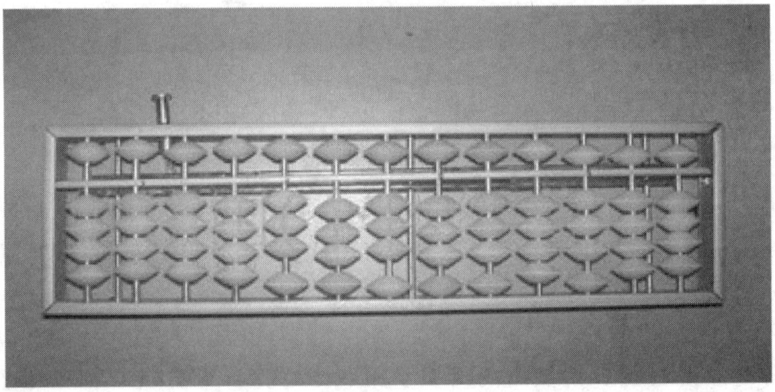

图6－25

3. 珠算算法口诀

珠算四则运算皆用一套口诀指导拨珠完成。有了四则口诀，珠算的算法就形成了一个体系，长期沿用了下来。中国珠算，从明代以来极为盛行，先后传到日本、朝鲜、东南亚各国，后在美洲也逐渐流行。由于算盘不但是一种极简便的计算工具，而且具有独特的教育职能，所以仍盛行不衰。

（1）加法口诀表

直加满五加进十加破五进十加

加一：一上一，一下五去四，一去九进一

加二：二上二，二下五去三，二去八进一

加三：三上三，三下五去二，三去七进一

加四：四上四，四下五去一，四去六进一

加五：五上五，五去五进一

加六：六上六，六去四进一，六上一去五进一

加七：七上七，七去三进一，七上二去五进一

加八：八上八，八去二进一，八上三去五进一

加九：九上九，九去一进一，九上四去五进一

（2）减法口诀表

不退位的减退位的减

直减破五减退位减退十补五的减

减一：一下一，一上四去五，一退一还九

减二：二下二，二上三去五，二退一还八

减三：三下三，三上二去五，三退一还七

减四：四下四，四上一去五，四退一还六

减五：五下五，五退一还五

减六：六下六，六退一还四，六退一还五去一

减七：七下七，七退一还三，七退一还五去二

减八：八下八，八退一还二，八退一还五去三

减九：九下九，九退一还一，九退一还五去四

（3）乘法九九口诀

一一 01 一二 02 一三 03 一四 04 一五 05 一六 06 一七 07 一八 08 一九 09

二一 02 二二 04 二三 06 二四 08 二五 10 二六 12 二七 14 二八 16 二九 18

三一 03 三二 06 三三 09 三四 12 三五 15 三六 18 三七 21 三八 24 三九 27

四一 04 四二 08 四三 12 四四 16 四五 20 四六 24 四七 28 四八 32 四九 36

五一 05 五二 10 五三 15 五四 20 五五 25 五六 30 五七 35 五八 40 五九 45

六一 06 六二 12 六三 18 六四 24 六五 30 六六 36 六七 42 六八 48 六九 54

七一 07 七二 14 七三 21 七四 28 七五 35 七六 42 七七 49 七八 56 七九 63

八一 08 八二 16 八三 24 八四 32 八五 40 八六 48 八七 56 八八 64 八九 72

九一 09 九二 18 九三 27 九四 36 九五 45 九六 54 九七 63 九八 72 九九 81

（4）除法口诀

珠算除法有归除法和商除法两种。归除法用口诀进行计算，有九归口诀。

九归口诀共 61 句：

一归（用 1 除）：逢一进一，逢二进二，逢三进三，逢四进四，逢五进五，逢六进六，逢七进七，逢八进八，逢九进九。

二归（用 2 除）：逢二进一，逢四进二，逢六进三，逢八进四，二一添作五。

三归（用 3 除）：逢三进一，逢六进二，逢九进三，三一三余一，三二六余二。

四归（用 4 除）：逢四进一，逢八进二，四二添作五，四一二余二，四三七余二。

五归（用 5 除）：逢五进一，五一倍作二，五二倍作四，五三倍作六，五四倍作八。

六归（用 6 除）：逢六进一，逢十二进二，六三添作五，六一下加四，六二三余二，六四六余四，六五八余二。

七归（用 7 除）：逢七进一，逢十四进二，七一下加三，七二下加六，七三四余二，七四五余五，七五七余一，七六八余四。

八归（用 8 除）：逢八进一，八四添作五，八一下加二，八二下加四，八三下加六，八五六余二，八六七余四，八七八余六。

九归（用 9 除）：逢九进一，九一下加一，九二下加二，九三下加三，九四下加四，九

五下加五，九六下加六，九七下加七，九八下加八。

4. 珠算常用术语

空档：某一档的上、下都离梁的时候，叫作空档。空档表示这一档没有记数，或者表示0。

空盘：算盘的各档都是空档时，表示全盘没有记数，叫作空盘。

内珠：靠梁记数的算珠，叫作内珠。

外珠：离梁不记数的算珠，叫作外珠。

拨上：是指将下珠拨靠梁。

拨下：是指将上珠拨靠梁。

拨去：是指将上珠或下珠拨离梁。

本档：是指正要拨珠记数的这一档。

前档：是指本档的前一档，也叫左一档（位）。

后档：是指本档的后一档，也叫右一档（位）。

漂珠：拨珠时用力过轻，不靠梁不着框，浮漂在档中间的算珠。

带珠：拨珠时，把本档或邻档不应拨入或拨去的算珠带入或带出叫带珠。

实珠：靠梁表示正数的算珠。

虚珠：也叫负珠，是指算珠拨到既不靠梁又不靠框，表示负数的悬珠。

置数：也叫布数，按照计算的要求，把数字拨入算盘，为计算作准备。

档位：也叫档次，是指档的位次。

错档：也叫错位，是指运算过程中未将算珠拨入应拨的档位。

隔档：也叫隔位，是指本数位左右空一档的第二档（位）。入隔位乘法中两数相乘，积的个位打在被乘数的右两位上；隔位除法中隔位商几，指的是被除数首位的左两位。

进位：是指本档加上一个数后，大于或等于10，须向前位加1，叫作进位。

退位：是指在本档减去一个数时本档不够，许向前面一位减1，叫作退位。

首位：也叫最高位，是指一个多位数的第一个非零数字为首位。如3 284中的3，0.0726中的7。

末位：也叫最低位，是指一个多位数的最后一个数字。如3 275中的5，120中的0，481.29中的9。

次位：实质一个多位数的第二个数字。如3 865中的8，0.4178中的1。

实数：古算书中通称被乘数和被除数为实数，简称实。

法数：古算书中通称乘数和除数为法数，简称法。

乘加：是指被乘数每位乘以乘数各位，在算盘上一边乘一边加积数。

乘减：也叫减积，是指每位商数同除数相乘，乘积在被除数里减去。

除首：是指除数的最高位数。

积首：是指积数的首位数。

商首：是指商数的首位数。

估商：在除法中，需求得每一个商数，就要用心算，估出被除数是除数的几倍，这种心算过程叫作估商。

试商：也叫初商，是指在估商时初步求得偏大或偏小的商数，叫作试商。

置商：也叫立商，是指把试商拨入算盘。

调商：置商后，经乘减证明，试商不正确，需要调整初商。

确商：置商后，经乘减证明，试商不大也不小。

除尽：是指被除数除以除数，除到某一位，刚好无余数，叫作除尽。

除不尽：是指整除出现无穷循环或不循环小数时，不能除尽的除算。

如：$1 \div 3 = 0.333\cdots\cdots$；$1 \div 7 = 0.142857142857\cdots\cdots$

余数：不能整除的除法，在商数求到各位或预定的某数位时，被除数中减剩的数叫作余数。在运算过程中，往往被除数郊区每次商与除数的乘积都有剩余的数，通常也叫作余数。

退商：初商过大，把它改小叫“退商”。

补商：初商过小，把它改大叫“补商”。

假商：在除法运算中，为了计算便捷，先确立一个商，再经过调整取得确商。先确立的商，叫作假商。

清盘：拨去各档靠梁的算珠，使全盘成为空盘，叫作清盘。

全盘练习：算盘所有档上，或大部分档上作拨珠练习，以及按基本运算法则进行全面练习，叫作全盘练习。

附　　录

一、主要经济业务的原始凭证

1. 8月1日，收到投资。

附表1　1/3

投资协议

甲方（接受投资单位）：东北电机有限公司

乙方（投资单位）：金泰工程有限公司

甲乙双方为了实现合作共盈的理念，现协议如下：

（1）乙方以货币资金向甲方投资50万元，签订合同之日交付资金。

（2）乙方投资后，乙方按照投资比例享受年利润的分配。

（3）未经甲方同意，乙方不得随意抽回投资。

甲方（盖章）：东北电机有限公司　　东北电机有限公司

法人代表：年安明　　年安明

日期：2020年08月01日

乙方（盖章）：金泰工程有限公司　　金泰工程有限公司

法人代表：王林峰　　王林峰

日期：2020年08月01日

附表1　2/3

收款收据

2020年08月01日　　No. 1012437

交款单位名称（或姓名）	金泰工程有限公司
摘　　要	收到投资款
人　民　币	伍拾万元整　　¥500 000.00
备　　注	

转账收讫

会计：李文　　出纳：王琳　　经手人：汪淼

附表 1　3/3

中国建设银行进账单（收账通知）

2020 年 08 月 01 日　　NO. 3598

汇款人	全　称	金泰工程有限公司	收款人	全　称	东北电机有限公司
	账　号	6102607863524593196		账　号	35000950641052222863
	开户银行	中国建设银行西安分行城北支行		开户银行	中国建设银行西安莲湖路支行

人民币（大写）	伍拾万元整	千	百	十	万	千	百	十	元	角	分
			¥	5	0	0	0	0	0	0	0

票据种类	转账支票	收款人开户行盖章

第三联　记账联

（印章：建行长江路分行 2020.08.01 转讫）

2. 8 月 1 日，借款业务。

附表 2　1/2

中国建设银行短期借款合同

合同单位：

中国建设银行西安市支行　　（以下简称贷款方）

东北电机有限公司　　（以下简称借款方）

为明确各自责任，严守合同，特签订本合同，双方共同信守。

一、贷款种类：工业企业流动资金借款

二、借款金额：叁拾万元整

三、借款用途：采购原材料

四、借款利率：月利率为千分之五，按季结息付息，最后还本。

五、借款期限：借款自二〇二〇年八月一日到二〇二一年二月一日止。

六、还款资金来源：主营业务收入。

七、还款方式：转账

八、违约责任：（略）

本合同经双方签字后生效，贷款本息全部偿付后失效。

本合同一式二份，代款方、借款方各执一份，合同副本四份，报送有关单位各留存一份。

贷款方：中国建设银行哈尔滨长江路支行　　借款方：东北电机有限公司

（印章：中国建设银行西安市支行）（印章：王阳明印）（印章：东北电机有限公司）（印章：年安明）

法人代表：王阳明　　法人代表：年安明

2020 年 8 月 1 日　　2020 年 8 月 1 日

附表 2　2/2

中国建设银行借款借据（收账通知）

借款企业名称：东北电机有限公司　　　　2020 年 08 月 01 日　　　　NO. 3057

<table>
<tr><td>贷款种类</td><td>流动资金借款</td><td>贷款账号</td><td>161</td><td>存款账号</td><td colspan="11">61001970041052222863</td></tr>
<tr><td rowspan="2">借款金额</td><td rowspan="2" colspan="4">人民币（大写）叁拾万元整</td><td>亿</td><td>千</td><td>百</td><td>十</td><td>万</td><td>千</td><td>百</td><td>十</td><td>元</td><td>角</td><td>分</td></tr>
<tr><td></td><td></td><td>¥</td><td>3</td><td>0</td><td>0</td><td>0</td><td>0</td><td>0</td><td>0</td><td>0</td></tr>
<tr><td colspan="16">借款用途：流动资金周转</td></tr>
<tr><td colspan="16">约定还款期：6 个月　　　　期限 2020 年 08 月 01 日于 2021 年 02 月 01 日到期</td></tr>
<tr><td colspan="5">上列借款已批准发放，转放你单位存款账户。
此致
单位
（银行签章）</td><td colspan="11">单位分录：
（借）
（贷）
主管　王静　　会计　刘明
复核　张凡利　　记账　杨雪
2020 年 08 月 01 日</td></tr>
</table>

建行长江路分行
2020.08.01
转讫

3. 8 月 2 日，报销差旅费。

附表 3　1/5

差旅费报销单

报销部门：采购部　　　　2020 年 08 月 02 日　　　　NO：20150702

<table>
<tr><td colspan="3">报销人</td><td colspan="2">邓旭佳</td><td colspan="2">出差事由</td><td colspan="4">采购物资</td></tr>
<tr><td rowspan="2">日期</td><td rowspan="2">出发地</td><td rowspan="2">到达地</td><td colspan="2">市内交通补助</td><td colspan="2">伙食补贴</td><td rowspan="2">车（船）票</td><td rowspan="2">出差补贴</td><td rowspan="2">住宿费</td><td rowspan="2">合计金额</td></tr>
<tr><td>天数</td><td>金额</td><td>天数</td><td>金额</td></tr>
<tr><td>7 月 31 日</td><td>哈尔滨</td><td>太原</td><td>1</td><td>20</td><td></td><td></td><td>215</td><td>100</td><td>300</td><td>635</td></tr>
<tr><td>8 月 1 日</td><td>太原</td><td>哈尔滨</td><td>1</td><td>20</td><td></td><td></td><td>215</td><td>100</td><td></td><td>335</td></tr>
<tr><td></td><td></td><td></td><td></td><td></td><td></td><td></td><td></td><td></td><td></td><td></td></tr>
<tr><td colspan="3">合　计</td><td></td><td>40</td><td></td><td></td><td>430</td><td>200</td><td>300</td><td>970</td></tr>
<tr><td colspan="11">报销金额合计人民币（大写）：玖佰柒拾元整　　　　¥970.00</td></tr>
<tr><td colspan="5">预借金额：¥1 000.00</td><td colspan="6">结余或超支：¥30</td></tr>
<tr><td colspan="3">单位领导</td><td colspan="2">年安明</td><td colspan="3">会计主管</td><td colspan="3">陈晓</td></tr>
<tr><td colspan="3">出纳</td><td colspan="2">王琳</td><td colspan="3">审核</td><td colspan="3">李文</td></tr>
</table>

附单据叁张

附表 3　2/5

收款收据

2020 年 08 月 02 日　　　　No. 1012123

交款单位名称

（或姓名）　邓旭佳

摘　　要　退回差旅费余款

人 民 币　叁拾元整　　¥30.00

备　　注　原借 1 000.00，报销 970.00，退回 30.00

转账收讫

会计：李文　　出纳：王琳　　经手人：邓旭佳

第三联　记账联

附表 3　3/5

001D065375

哈尔滨北站　D2562　太原南站

Haerbinbei　→　Taiyuannan

2020 年 07 月 31 日 15：52 开　　03 车 08F 号

¥215 元　　二等座

限乘当日当次车

6104041983****3018　邓旭佳

买票请到 12306 发货请到 95306

中国铁路祝您旅途愉快

394732022904068060429　哈尔滨站售

附表 3　4/5

001D065426

太原南站　　D2562　　哈尔滨北站

Taiyuannan　　→　　Haerbinbe

2020 年 08 月 01 日 17：22 开　　03 车 09F 号

¥215 元　　二等座

限乘当日当次车

6104041983****3018　　邓旭佳

买票请到 12306 发货请到 95306

中国铁路祝您旅途愉快

394732022904068060512　　太原站售

附表 3　5/5

66145625922　　**山西增值税普通发票**　　No. 014001600111

发票联

校验码 68447 42018 11884 65149　　开票日期：2020 年 08 月 01 日

购货单位	名　　称：东北电机有限公司 纳税人识别号：230100123456666 地 址 、电 话：哈尔滨市长江路 590 号 0451 - 55191107 开户行及账号：中国建设银行哈尔滨长江路支行 35000950641052222863				密码区	（略）	
货物或应税劳务的名称	规格型号	单位	数量	单价	金额	税率	税额
住宿费					283.02	6%	16.98
合计					¥283.02		¥16.98
价税合计（大写）	人民币叁佰元整				¥300.00		
销货单位	名　　称：山西饭店 纳税人识别号：91140100MAOGUIJM9C 地 址 、电 话：太原迎泽区纯阳宫路 51 号 0351 - 6688888 开户行及账号：交通银行太原上官巷支行 141000613018010204937				备注	山西饭店 91140100MAOGUIJM9C 发票专用章	

第二联 发票联 购买方记账凭证

收款人：张蓝　　复核：刘倩　　开票人：王文浩　　销货单位（章）：

4. 8 月 2 日，偿还前欠货款。

附表 4

中国建设银行 (　　)
转账支票存根

$\frac{A}{0}\frac{B}{2}$ 52000121

附加信息

出票日期 2020年08月02日 收款人：维赛轴承有限公司	
金　额：¥ 50 000.00	
用　途：支付货款	

单位主管：陈晓　　　　会计：李文

5. 8 月 3 日，收到前欠货款。

附表 5

中国建设银行电子汇划进账凭证

2020 年 08 月 03 日　　　　NO. 3381

付款人	全　称	德奥动力有限公司	收款人	全　称	东北电机有限公司											
	账　号	6227604805524597425		账　号	35000950641052222863											
	开户银行	中国建设银行石家庄市裕华西路支行		开户银行	中国建设银行哈尔滨长江路支行											
人民币（大写）	⊗贰拾万元整					千	百	十	万	千	百	十	元	角	分	
							¥	2	0	0	0	0	0	0	0	
备注：货款			收款人开户行盖章													

建行长江路分行
2020.08.03
转讫

6. 8 月 3 日，提现。

附表 6

中国建设银行（　　）
现金支票存根

$\frac{A}{0}\frac{B}{2}$ 59001131

附加信息

出票日期 2020年08月03日 收款人：东北电机有限公司	
金　额：¥ 2 000.00	
用　途：备用金	

单位主管：陈晓　　　　会计：李文

7. 8 月 3 日，通过银行代发工资。

附表 7　1/2

职工工资发放表

2020 年 08 月 03 日

职员编号	职员姓名	所属部门	人员类别	应付工资	应扣工资	实付工资
001	年安明	厂办	管理人员	3 500		3 500
002	李浩	厂办	管理人员	3 200		3 200
003	杨红	厂办	管理人员	2 800		2 800
004	梁新	销售部	销售人员	3 100		3 100
005	张建荣	销售部	销售人员	3 200		3 200
……	……	……	……	……	……	……
总计						500 000

复核：陈晓　　　　　　　　　　　　　　　　制表：李文

附表 7　2/2

中国建设银行 转账支票存根（　　）
$\frac{A\,B}{0\,2}$ 52000122
附加信息
出票日期 2020年08月03日
收款人：东北电机有限公司
金　额：¥ 500 000.00
用　途：支付职工工资
单位主管：陈晓　　　　会计：李文

8. 8 月 4 日，购入卡车。

附表 8　1/3

2300125255　　　　**黑龙江增值税专用发票**　　　　No. 0097647

校验码 74216 87318 27208 61033　　　第三联　发票联　　　开票日期：2020 年 08 月 04 日

国家税务局监制

购货单位	名　　称：东北电机有限公司 纳税人识别号：230100123456666 地 址 、电 话：哈尔滨市长江路 590 号 0451 －55191107 开户行及账号：中国建设银行哈尔滨长江路支行 35000950641052222863			密码区	（略）		
货物或应税劳务的名称	规格型号	单位	数量	单价	金额	税率	税额
卡车（5t）		辆	1	200 000	200 000. 00	16%	32 000. 00
合计					¥ 200 000. 00		¥ 32 000. 00
价税合计（大写）	人民币贰拾叁万贰仟元整				¥ 232 000. 00		
销货单位	名　　称：秦西汽车集团有限责任公司 纳税人识别号：230100220524252 地 址 、电 话：黑龙江省新城区幸福北路 39 号 0451 －55191106 开户行及账号：中国农业银行安西新城区支行 61001567408054567839			备注	秦西汽车集团有限公司 发票专用章		

收款人：　　　复核：李想　　　开票人：徐芳　　　销货单位（章）：

第三联　发票联　购买方记账凭证

附表 8　2/3

中国建设银行电子转账凭证

2020 年 08 月 04 日　　　　NO. 3287

付款人	全　　称	东北电机有限公司	收款人	全　　称	秦西汽车集团有限责任公司
	账　　号	35000950641052222863		账　　号	61001567408054567839
	开户银行	中国建设银行哈尔滨长江路支行		开户银行	中国农业银行安西新城区支行

人民币（大写）	千	百	十	万	千	百	十	元	角	分
贰拾叁万贰仟元整		¥	2	3	2	0	0	0	0	0

备注：购车款	付款人开户行盖章

建行长江路支行
2020.08.04
转讫

附表 8　3/3

东北电机有限公司固定资产验收单

2020 年 08 月 04 日

固定资产名称	卡车	规 格	
资产类别	经营	数 量	1 辆
使用部门		销售部门	
安装单位（部门）			
资产来源	购入	验收日期	2020. 08. 04
使用日期	2020. 08. 04	使用年限	20 年
原值	¥232 000. 00	净残值率	5%
固定资产管理部门验收意见		符合合同规定质量标准，验收合格。 负责人签名：郭远航	

9．8 月 9 日，银行转来扣税凭证。

附表 9　1/2

建设银行电子缴税付款凭证

扣款日期：2020 年 08 月 09 日　　清算日期：2020 年 08 月 09 日　　凭证序号：00063723

纳税人全称及纳税人识别号：东北电机有限公司　　230100123456666

付款人全称：东北电机有限公司

付款人账号：35000950641052222863　　征收机关名称：哈尔滨市地方税务长江区分局

付款人开户银行：中国建设银行哈尔滨长江路支行　　收款国库：长江区支库

小写（合计）金额：¥145 782.95　　缴款书交易流水号：02568765

大写（合计）金额：壹拾肆万伍仟柒佰捌拾贰元玖角伍分　　税票号码：2012070001574551

项目	所属期间	缴费合计	备注
增值税	20200701—20200731	¥103 539.75	国税
企业所得税	20200701—20200731	¥42 243.20	国税

中国建设银行长江路支行 2020年08月09日 受理凭证专用章

第 1 次打印　　打印时间：2020－08－09　　09：02：09　　财务日期：20200809

第二联：作付款回单（无银行办讫章无效）　　复核　　记账

附表 9　2/2

建设银行电子缴税付款凭证

扣款日期：2020 年 08 月 09 日　　清算日期：2020 年 08 月 09 日　　凭证序号：00063724

纳税人全称及纳税人识别号：东北电机有限公司　　230100123456666

付款人全称：东北电机有限公司

付款人账号：35000950641052222863　　征收机关名称：哈尔滨市地方税务长江区分局

付款人开户银行：中国建设银行哈尔滨长江路支行　　收款国库：长江区支库

小写（合计）金额：¥12 424.77　　缴款书交易流水号：02568766

大写（合计）金额：壹万贰仟肆佰贰拾肆元柒角柒分　　税票号码：2012070001574551

项目	所属期间	缴费合计	备注
城市建设维护税	20200701—20200731	¥7 247.78	地税
教育费附加	20200701—20200731	¥3 106.19	地税
地方教育费附加	20200701—20200731	¥2 070.80	地税

中国建设银行长江路支行 2020年08月09日 受理凭证专用章

第 1 次打印　　打印时间：2020－08－09　　09：12：57　　财务日期：20200809

第二联：作付款回单（无银行办讫章无效）　　复核　　记账

10. 8 月 12 日，购料。

附表 10

140003358X

江苏增值税专用发票

发票联

No. 531069376X

校验码 84216 87718 13208 54021

开票日期：2020 年 08 月 12 日

购货单位	名　　称：东北电机有限公司 纳税人识别号：230100123456666 地 址 、电 话：哈尔滨市长江路 590 号 0451 －55191107 开户行及账号：中国建设银行哈尔滨长江路支行 35000950641052222863				密码区	（略）	
货物或应税劳务的名称	规格型号	单位	数量	单价	金额	税率	税额
轴承		个	60	5 000	300 000. 00	16%	48 000. 00
转子		个	40	4 000	160 000. 00	16%	25 600. 00
合计					￥460 000. 00		￥73 600. 00
价税合计（大写）	人民币伍拾叁万叁仟陆佰元整				￥533 600. 00		
销货单位	名　　称：东风电机冲片厂 纳税人识别号：320006110115687 地 址 、电 话：江苏常州定安西路 77 号 0519 －6564783 开户行及账号：中国农业银行常州市武进支行 6228186860805326757				备注	东风电机冲片厂 320006110115687 发票专用章	

收款人：　　复核：张敏　　开票人：王丽　　销货单位（章）：

第三联 发票联 购买方记账凭证

11. 8 月 13 日，支付 12 日购料运费，运费按数量分配。

附表 11　1/3

2300125211

货物运输业增值税专用发票

No. 57012843792

开票日期：2020 年 08 月 13 日

承运人及纳税人识别号	哈尔滨运达货运公司 230100200007890			密码区	（略）		
实际受票方及纳税人识别号	东北电机有限公司 230100123456666						
收货人及纳税人识别号	东北电机有限公司 230100123456666		发货人及纳税人识别号	东风电机冲片厂 320006110115687			
起运地、经由、到达地	江苏常州安定西路至哈尔滨长江路						
费用项目及金额	费用项目 运费	金额 3 000. 00	费用项目	金额	运输货物信息	轴承转子	
合计金额	￥3 000. 00	税率	10%	税额	300	机器编号	60230412
价税合计（大写）	人民币叁仟叁佰元整			（小写）￥3 300. 00			
车种车号		车船吨位		备注	哈尔滨运达货运公司 发票专用章		
主管税务机关及代码	哈尔滨长江路国税局 4256788						

收款人：　　复核：李怡　　开票人：王红　　承运人（章）：

第三联 发票联 购买方记账凭证

附表 11　2/3

中国建设银行（　　）
转账支票存根

$\frac{A}{0}\frac{B}{2}$ 52000126

附加信息

出票日期 2020年08月13日 收款人：哈尔滨运达货运公司	
金　额：¥3 300.00	
用　途：支付运费	

单位主管：陈晓　　　会计：李文

附表 11　3/3

采购费分配表

2020 年 08 月 13 日

原材料	采购费	数量（个）	分费率	分配额
轴承		60		
转子		40		
合　计	3 000	100		

复核：陈晓　　　　　　制表：李文

12. 8 月 14 日，12 日所购材料验收入库。

附表 12

收　料　单

收料仓库：原材料库　　2020 年 08 月 14 日　　收料单编号：130508

材料名称	单位	数　量		单价	材料金额	运杂费	合计（实际成本）	实际单价
		应收数	实收数					
轴承	个	60	60	5 000	300 000	1 800	301 800	5 030
转子	个	40	40	4 000	160 000	1 200	161 200	4 030
合　计					460 000	3 000	463 000	
供货单位	维赛轴承有限公司	结算办法		合同号			130401	
备注								

主管：邓旭　　质量检验员：颜新　　入库验收：张伟　　仓库保管：李江

13. 8 月 15 日，领料。

附表 13

领　料　单

2020 年 08 月 15 日

领料单位：车间

用途：生产 101 型变频电机　　发料仓库：1 号仓库

品名	单位	数量		单位成本	领料成本	领料人
		请领	实领			
定转子冲片	片	200	200	25	5 000	于阳
轴承	个	3	3	5 000	15 000	于阳

此联由财务部门记账用

车间审批：郭远行　　保管员：李江

14. 8 月 16 日，预借差旅费。

附表 14　1/2

出差申请表

填表时间：2020 年 08 月 16 日

<table>
<tr><td rowspan="2">申请人</td><td>姓名</td><td>颜新</td><td rowspan="2">同行者</td><td>姓名</td><td></td></tr>
<tr><td>职务</td><td></td><td>职务</td><td></td></tr>
<tr><td>出差目的地</td><td>北京</td><td>主要交通工具</td><td colspan="3">☑飞机　□火车　□汽车</td></tr>
<tr><td>计划出差时间</td><td colspan="5">2020 年 08 月 19 日　至　2020 年 08 月 21 日共　3　天</td></tr>
<tr><td>出差事由</td><td colspan="5">技术交流</td></tr>
<tr><td rowspan="3">预借款项</td><td colspan="2" rowspan="2">有　3 000　元</td><td>部门负责人审核</td><td colspan="2">李浩</td></tr>
<tr><td>财务签批</td><td colspan="2">陈晓</td></tr>
<tr><td colspan="2">无</td><td>总经理核准</td><td colspan="2">年安明</td></tr>
</table>

附表 14　2/2

借款单

2020 年 08 月 16 日

<table>
<tr><td>申请部门</td><td>管理部</td><td>申请金额</td><td colspan="2">¥3 000.00（人民币大写）：叁仟元整</td></tr>
<tr><td>申请理由及用途</td><td colspan="4">外出公差备用</td></tr>
<tr><td>借款申请人</td><td>颜新</td><td colspan="2">申请部门负责人（签署部门意见）</td><td>同意　陈晓</td></tr>
<tr><td colspan="2">总经理审批
同意
年安明
2020 年 08 月 16 日</td><td colspan="3">财务部门核准
借款额度合理
现金付讫
2020 年 08 月 16 日</td></tr>
</table>

15. 8 月 17 日，办公室报销业务招待费。

附表 15　1/2

业务招待费报销单

2020 年 08 月 17 日　　　　NO. 132

来宾单位	金泰工程有限公司		接待时间	2020 年 08 月 17 日	
接待部门	厂办		接待部门领导签字	文正熙	
财务部审核	费用额度合理 陈晓 现金付讫		公司领导签字	同意 年安明	
报销金额	人民币（大写）壹仟元整　　¥1 000.00				
出纳	王琳	复核人	李文	报销人	王琳

附单据壹张

附表 15　2/2

2300125214　　　　**黑龙江增值税普通发票**　　　　No. 0097655

发票联

校验码 74216 87318 27208 61012　　　　开票日期：2020 年 08 月 17 日

购货单位	名　　称：东北电机有限公司 纳税人识别号：230100123456666 地 址 、电 话：哈尔滨市长江路 590 号 0451－55191107 开户行及账号：中国建设银行哈尔滨长江路支行 35000950641052222863				密码区	（略）	
货物或应税劳务的名称	规格型号	单位	数量	单价	金额	税率	税额
餐费					943.40	6%	56.60
合计					¥943.40		¥56.60
价税合计（大写）	人民币壹仟元整　　（小写）¥1 000.00						
销货单位	名　　称：简阳市海底捞餐饮有限公司 纳税人识别号：91610402MA6XMEYG6G 地 址 、电 话：哈尔滨长江路 10 号 0451－83117264 开户行及账号：中国银行股份有限公司长江路支行 35000950641052222375				备注	海底捞餐饮有限公司 发票专用章	

收款人：　　复核：李想　　开票人：徐芳　　销货单位（章）：

第三联 发票联 购买方记账凭证

16. 8 月 18 日，修理固定资产。

附表 16　1/2

2300125221　　　　**黑龙江增值税专用发票**　　　　No. 0097640

发票联

校验码 74216 87318 27208 61213　　　　开票日期：2020 年 08 月 18 日

购货单位	名　称：东北电机有限公司 纳税人识别号：230100123456666 地址、电话：哈尔滨市长江路 590 号 0451－55191107 开户行及账号：中国建设银行哈尔滨长江路支行 35000950641052222863			密码区	（略）		
货物或应税劳务的名称	规格型号	单位	数量	单价	金额	税率	税额
机床修理费		台	1		5 000.00	16%	800.00
合计					¥5 000.00		¥800.00
价税合计（大写）	人民币伍仟捌佰元整				（小写）¥5 800.00		
销货单位	名　称：黑龙江信诚数控设备有限公司 纳税人识别号：91610402MA6XMEYG6G 地址、电话：哈尔滨长江路 25 号 0451－83145264 开户行及账号：中国农业银行长江路支行 35000950641052222435			备注	黑龙江信诚数控设备有限公司 发票专用章		

收款人：　　复核：李想　　开票人：徐芳　　销货单位（章）：

第三联　发票联　购买方记账凭证

附表 16　2/2

中国建设银行（　　）
转账支票存根

$\frac{A}{0}\frac{B}{2}$ 52000127

附加信息

出票日期	2020年08月18日
收款人：	黑龙江信诚数控设备有限公司
金　额：	¥5 800.00
用　途：	支付修理费

单位主管：陈晓　　会计：李文

17. 8 月 19 日，购买办公用品。

附表 17　1/3

2300125233　　**黑龙江增值税专用发票**　　No. 0097659

发票联

校验码 74216 87318 27208 61043　　开票日期：2020 年 08 月 19 日

购货单位	名　　称：东北电机有限公司 纳税人识别号：230100123456666 地 址 、电 话：哈尔滨市长江路 590 号 0451－55191107 开户行及账号：中国建设银行哈尔滨长江路支行 35000950641052222863	密码区	（略）

货物或应税劳务的名称	规格型号	单位	数量	单价	金额	税率	税额
文件夹		个	50	10	500.00	16%	80.00
卡西欧计算器		个	10	50	500.00		80.00
档案盒		个	50	20	1 000.00		160.00
合计					¥2 000.00		¥320.00
价税合计（大写）	人民币贰仟叁佰贰拾元整				（小写）¥2 320.00		

销货单位	名　　称：乐家生活超市有限公司 纳税人识别号：23010002MA6XMEYG6G 地 址 、电 话：哈尔滨长江路 34 号 0451－83145232 开户行及账号：中国建行长江路支行 35000950641052222478	备注	乐家生活超市有限公司 发票专用章

收款人：　　复核：李想　　开票人：徐芳　　销货单位（章）：

第三联　发票联　购买方记账凭证

附表 17　2/3

中国建设银行（　　）
转账支票存根

$\frac{A}{0}\frac{B}{2}$ 52000128

附加信息

出票日期	2020年08月19日
收款人：	乐家生活超市有限公司
金　额：	¥2 320.00
用　途：	支付办公用品费

单位主管：陈晓　　会计：李文

附表 17　3/3

办公用品发放表

2020 年 08 月 19 日

领用部门	商品类别	领用数量	金额	签名
车间管理部门	文件夹	25	250	郭远行
	档案盒	25	500	郭远行
	卡西欧计算器	5	250	郭远行
小计			1 000	
行政管理部门	文件夹	25	250	文正熙
	档案盒	25	500	文正熙
	卡西欧计算器	5	250	文正熙
小计			1 000	
合计			2 000	

18. 8 月 20 日，销售产品。

附表 18

2300125122　　**黑龙江增值税专用发票**　　No. 0097623

发票联

校验码 74216 87318 27208 61012　　开票日期：2020 年 08 月 20 日

购货单位	名　　称：德奥动力设备公司 纳税人识别号：342524000004198 地 址 、电 话：安徽合肥芜湖路 32 号 0551 – 2874516 开户行及账号：中国工商银行合肥市包河区支行 1302010109024930814				密码区	（略）	
货物或应税劳务的名称	规格型号	单位	数量	单价	金额	税率	税额
变频电机	102 型	台	10	120 000	1 200 000. 00	16%	192 000. 00
合计					¥1 200 000. 00		¥192 000. 00
价税合计（大写）	人民币壹佰叁拾玖万贰仟元整				（小写） ¥1 392 000. 00		
销货单位	名　　称：东北电机有限公司 纳税人识别号：230100123456666 地 址 、电 话：哈尔滨市长江路 590 号 0451 – 55191107 开户行及账号：中国建设银行哈尔滨长江路支行 35000950641052222863				备注	东北电机有限公司 发票专用章	

收款人：　　复核：李文　　开票人：王琳　　销货单位（章）：

第一联　记账联　销货方记账凭证

19. 8 月 23 日，销售产品。

附表 19　1/2

2300125255　　**黑龙江增值税专用发票**　　No. 0097100

发票联

校验码 74216 87318 27208 61321　　开票日期：2020 年 08 月 23 日

购货单位	名　　称：盛达机电设备有限公司 纳税人识别号：610305169439383 地 址 、电 话：西安市未央路 136 号 029－88330657 开户行及账号：中国工商银行西安分行城北支行 6102604804524597423				密码区	（略）	
货物或应税劳务的名称	规格型号	单位	数量	单价	金额	税率	税额
变频电机	101 型	台	4	100 000	400 000. 00	16%	64 000. 00
合计					¥400 000. 00		¥64 000. 00
价税合计（大写）	人民币肆拾陆万肆仟元整				（小写）¥464 000. 00		
销货单位	名　　称：东北电机有限公司 纳税人识别号：230100123456666 地 址 、电 话：哈尔滨市长江路 590 号 0451－55191107 开户行及账号：中国建设银行哈尔滨长江路支行 35000950641052222863				备注	东北电机有限公司 发票专用章	

第一联 记账联 销货方记账凭证

收款人：　　复核：李文　　开票人：王琳　　销货单位（章）：

附表 19　2/2

中国建设银行进账单（收账通知）

2020 年 08 月 23 日　　NO. 3975

付款人	全　　称	盛达机电设备有限公司	收款人	全　　称	东北电机有限公司
	账　　号	6102604804524597423		账　　号	35000950641052222863
	开户银行	中国工商银行西安分行城北支行		开户银行	中国建设银行哈尔滨长江路支行
人民币（大写）	肆拾陆万肆仟元整				千 百 十 万 千 百 十 元 角 分 ¥ 4 6 4 0 0 0 0 0
票据种类	转账支票		建行长江路支行 2020. 08. 23 转讫 收款人开户行盖章		
票据张数	1 张				
单位主管 靳云　　会计 吴成 复　　核 王芳　　记账 司倩					

20. 8 月 25 日，收到 20 日销货款。

附表 20

中国建设银行电子汇划进账凭证

2020 年 08 月 25 日　　　　NO. 3395

付款人	全　　称	德奥动力设备公司	收款人	全　　称	东北电机有限公司
	账　　号	1302010109024930814		账　　号	35000950641052222863
	开户银行	中国工商银行合肥市包河区支行		开户银行	中国建设银行哈尔滨长江路支行

人民币（大写）	壹佰叁拾玖万贰仟元整

千	百	十	万	千	百	十	元	角	分
¥	1	3	9	2	0	0	0	0	0

备注：货款

建行长江路支行
2020.08.25
转 讫

收款人开户行盖章

21. 8 月 29 日，支付罚款。

附表 21

黑龙江省行政事业单位收款收据

2020 年 08 月 29 日　　　　No. 1012561

交款单位名称

（或姓名）东北电机有限公司

摘　　要 排污超标

人　民　币 壹仟元整　　¥1 000.00

备　　注

哈尔滨市环保局
财务专用章

第三联　交款单位记账凭证

出纳：许海　　　　经手人：王芳　　　　单位盖章：

22. 8 月 30 日，接受捐赠。

附表 22　1/2

中国建设银行进账单（收账通知）

2020 年 08 月 30 日　　NO. 3975

付款人	全　称	汇欣有限责任公司	收款人	全　称	东北电机有限公司
	账　号	6102604804524584579		账　号	35000950641052222863
	开户银行	中国工商银行长安区支行		开户银行	中国建设银行哈尔滨长江路支行

人民币（大写）	陆万元整	千	百	十	万	千	百	十	元	角	分
				¥	6	0	0	0	0	0	0

票据种类	转账支票	建行长江路支行 2020.08.30 转讫 收款人开户行盖章
票据张数	1 张	
单位主管　靳云　会计　吴成 复　核　王芳　记账　司倩		

附表 22　2/2

收款收据

2020 年 08 月 30 日　　No. 1012454

交款单位名称

（或姓名）汇欣有限责任公司

摘　　要　收到捐赠款

人　民　币　陆万元整　　¥60 000.00

备　　注

转账收讫

第三联　记账联

会计：李文　　出纳：王琳　　经手人：汪淼

23. 8 月 31 日，计算分配本月工资。

附表 23　1/2

职工工资计算表

2020 年 08 月 31 日

职员编号	职员姓名	所属部门	人员类别	基本工资	应扣工资	应付工资
004	梁新	销售部	销售人员	3 100		3 100
005	张建荣	销售部	销售人员	3 200		3 200
……	……	……	……	……	……	……
合计		销售部	销售人员			40 000
013	郭远行	生产车间	管理人员	3 400		3 400
014	张伟	生产车间	管理人员	3 200		3 200
……	……	……	……	……	……	……
合计		生产车间	管理人员			120 000
001	年安明	厂办	管理人员	3 500		3 500
002	李浩	厂办	管理人员	3 200		3 200
003	杨红	厂办	管理人员	2 800		2 800
……	……	……	……	……	……	……
合计			管理人员			60 000
015	郭杰	生产车间	生产 101 人员	3 000		3 000
016	李欢欢	生产车间	生产 101 人员	3 000		3 000
……	……	……	……	……	……	……
合计		生产车间	生产 101 人员			160 000
031	王伟	生产车间	生产 102 人员	3 000		3 000
032	张力	生产车间	生产 102 人员	3 000		3 000
……	……	……	……	……	……	……
合计		生产车间	生产 102 人员			240 000
总计						620 000

复核：陈晓　　　　　　　　　　　　　　　　　　制表：李文

附表 23　2/2

工资计算汇总表

2020 年 08 月 31 日

职员类别	应付工资	应扣工资	实付工资
生产 101 变频电机工人			
生产 102 变频电机工人			
车间管理人员			
厂部管理人员			
销售人员			
合计			

复核：陈晓　　　　　　　　　　　　　　　　　　　　　　制表：李文

24. 8 月 31 日，计提固定资产折旧。

附表 24

固定资产折旧计算表

2020 年 08 月 31 日

资产名称	原值	使用部门	可使用月数	已折旧月数	折旧方法	残值率	月折旧额
办公楼	4 500 000	管理部门	240	124	直线法	3%	18 187.5
机器设备	3 300 000	生产部门	120	31	双倍余额递减法	5%	85 500
小汽车	120 000	管理部门	48	21	直线法	5%	2375
运输汽车	228 000	销售部门	48	39	直线法	5%	4512.5
电子设备	36 000	管理部门	36	11	直线法	3%	970
电子设备	9 900	销售部门	36	11	直线法	3%	266.75
合计							111 811.75

复核：陈晓　　　　　　　　　　　　　　　　　　　　　　制表：李文

25. 8月31日，支付电费。

附表25　1/3

2300125255　　　　**黑龙江增值税专用发票**　　　　No. 0097659

（印章：全国统一发票监制章 黑龙江 国家税务总局）　**发票联**

校验码 74216 87318 27208 61043　　　　开票日期：2020年08月31日

购货单位	名　　称：东北电机有限公司 纳税人识别号：230100123456666 地 址 、电 话：哈尔滨市长江路590号0451－55191107 开户行及账号：中国建设银行哈尔滨长江路支行 35000950641052222863			密码区	（略）		
货物或应税劳务的名称	规格型号	单位	数量	单价	金额	税率	税额
电费	居民用电	度	8 000	0.80	6 400.00	16%	1 024.00
电费	工业用电	度	21 000	1.05	22 050.00		3 528.00
合计					¥28 450.00		¥4 552.00
价税合计（大写）	人民币叁万叁仟零贰元整				（小写）¥33 002.00		
销货单位	名　　称：哈尔滨市供电局 纳税人识别号：23010002MA6XMEYG6G 地 址 、电 话：哈尔滨长江路66号0451－83145212 开户行及账号：中国建行长江路支行 35000950641052222409			备注	（印章：哈尔滨市供电局 发票专用章）		

第三联 发票联 购买方记账凭证

收款人：　　　复核：肖玉　　　开票人：田苗　　　销货单位（章）：

附表25　2/3

电费计算表

2020年08月31日

受益部门		耗用量（千瓦/时）	单价	金额
车间	101变频电机用电	10 000	1.05	10 500
	102变频电机用电	11 000	1.05	11 550
	照明用电	4 000	0.8	3 200
管理部门		3 000	0.8	2 400
销售部门		1 000	0.8	800
合　　计				28 450

复核：陈晓　　　　　　　　制表：李文

附表 25　3/3

中国建设银行（　　　）
转账支票存根

$\frac{A}{0}\frac{B}{2}$ 53000112

附加信息 ______________________

____

____

出票日期 2020年08月31日 收款人：哈尔滨市供电局	
金　额：¥33 002.00	
用　途：支付电费	

单位主管：陈晓　　　　会计：李文

26. 8 月 31 日，购入非专利技术。

附表 26　1/2

中国建设银行（　　　）
转账支票存根

$\frac{A}{0}\frac{B}{2}$ 59012022

附加信息 ______________________

____

____

出票日期 2020年08月31日 收款人：秦丰有限公司	
金　额：¥31 800.00	
用　途：购入非专利技术	

单位主管：陈晓　　　　会计：李文

附表 26　2/2

2300125255

黑龙江增值税专用发票

发票联

No. 0097690

校验码 74216 87318 27208 61043

开票日期：2020 年 08 月 31 日

购货单位	名　　称：东北电机有限公司 纳税人识别号：230100123456666 地 址 、电 话：哈尔滨市长江路 590 号 0451－55191107 开户行及账号：中国建设银行哈尔滨长江路支行 3500095064105222863	密码区	（略）

货物或应税劳务的名称	规格型号	单位	数量	单价	金额	税率	税额
非专利技术					30 000.00	6%	1 800.00
合计					¥30 000.00		¥1 800.00
价税合计（大写）	人民币叁万壹仟捌佰元整				（小写）¥31 800.00.		

销货单位	名　　称：秦丰有限公司 纳税人识别号：23010002MA6XMEYG6G 地 址 、电 话：哈尔滨长江路 66 号 0451－83145233 开户行及账号：中国工商银行长江路支行 3500095064105222422	备注	秦丰有限公司 发票专用章

收款人：　　　复核：肖天　　　开票人：田云　　　销货单位（章）：

第三联 发票联 购买方记账凭证

27. 8 月 31 日，销售多余材料。

附表 27　1/2

2300125255

黑龙江增值税专用发票

发票联

No. 0097143

校验码 74216 87318 27208 61043

开票日期：2020 年 08 月 31 日

购货单位	名　　称：凯迪机电有限公司 纳税人识别号：610305169439383 地 址 、电 话：山西太原西矿街 5 号 0351－88330657 开户行及账号：中国建设银行太原市西矿街支行 4200186860805326757 9	密码区	（略）

货物或应税劳务的名称	规格型号	单位	数量	单价	金额	税率	税额
定转子冲片		片	5 000	12	60 000.00	16%	9 600.00
合计					¥60 000.00		¥9 600.00
价税合计（大写）	人民币陆万玖仟陆佰元整				（小写）¥69 600.00		

销货单位	名　　称：东北电机有限公司 纳税人识别号：230100123456666 地 址 、电 话：哈尔滨市长江路 590 号 0451－55191107 开户行及账号：中国建设银行哈尔滨长江路支行 3500095064105222863	备注	东北电机有限公司 发票专用章

收款人：　　　复核：李文　　　开票人：王琳　　　销货单位（章）：

第一联 记账联 销货方记账凭证

附表 27　2/2

中国建设银行进账单（收账通知）

2020 年 08 月 31 日　　NO. 3981

付款人	全　称	凯迪机电有限公司	收款人	全　称	东北电机有限公司
	账　号	42001868608053267579		账　号	35000950641052222863
	开户银行	中国建设银行太原市西矿街支行		开户银行	中国建设银行哈尔滨长江路支行

人民币（大写）	千	百	十	万	千	百	十	元	角	分
陆万玖仟陆佰元整			¥	6	9	6	0	0	0	0

票据种类	转账支票	建行长江路支行 2020.08.31 转 讫 收款人开户行盖章
票据张数	1 张	
单位主管　靳云　会计　吴成 复　核　王芳　记账　司倩		

28. 8 月 31 日，结转已销产品成本。

附表 28

产品出库单

2020 年 08 月 31 日

领货部门	事由	品名	型号	计量单位	数量	单位成本	总成本	经手人
销售部	销售	变频电机	101 型	台	4	50 000	200 000	梁新
			102 型	台	10	60 000	600 000	梁新
合计					14		800 000	

仓库审批：郭远行　　保管员：张伟

29. 8 月 31 日，结转已销材料成本。

附表 29

领　料　单

2020 年 8 月 31 日

领料单位：销售部

用　　途：销售　　发料仓库：1 号仓库

品名	单位	数量		单位成本	领料成本	领料人
		请领	实领			
定转子冲片	片	5 000	5 000	11	55 000	于文

车间审批：郭远行　　保管员：李江

30. 8 月 31 日，支付广告费。

附表 30　1/2

2300125209　　**黑龙江增值税专用发票**　　No. 0097654

发票联

校验码 74216 87318 27208 61053　　开票日期：2020 年 08 月 31 日

购货单位	名　　称：东北电机有限公司 纳税人识别号：230100123456666 地 址 、电 话：哈尔滨市长江路 590 号 0451 - 55191107 开户行及账号：中国建设银行哈尔滨长江路支行 3500095064105222 2863				密码区	（略）		
货物或应税劳务的名称	规格型号	单位	数量	单价	金额	税率	税额	
广告费					6 000. 00	6%	360. 00	
合计					¥6 000. 00		¥360. 00	
价税合计（大写）	人民币陆仟叁佰陆拾元整				（小写）¥6 360. 00			
销货单位	名　　称：哈尔滨集美广告公司 纳税人识别号：23010002MA6XMEYG6G 地 址 、电 话：哈尔滨长江路 67 号 0451 - 83145263 开户行及账号：中国工商银行长江路支行 35000950641052222765				备注	哈尔滨集美广告公司 发票专用章		

收款人：　　复核：姚艺　　开票人：江艳　　销货单位（章）：

第三联 发票联 购买方记账凭证

附表 30　2/2

中国建设银行电子转账凭证

2020 年 08 月 31 日　　NO. 7377

付款人	全　　称	东北电机有限公司	收款人	全　　称	哈尔滨集美广告公司
	账　　号	35000950641052222863		账　　号	35000950641052222765
	开户银行	中国建设银行哈尔滨长江路支行		开户银行	中国工商银行长江路支行
人民币（大写）	陆仟叁佰陆拾元整				千 百 十 万 千 百 十 元 角 分 ¥ 6 3 6 0 0 0
备注：广告费			付款人开户行盖章（建行长江路支行 2020. 08. 31 转讫）		

31. 8 月 31 日，支付销售产品运费。

附表 31　1/2

2300125211　　**货物运输业增值税专用发票**　　No. 57012843792

发票联

开票日期：2020 年 08 月 13 日

承运人及纳税人识别号	哈尔滨运达货运公司 230100200007890				密码区	（略）		
实际受票方及纳税人识别号	东北电机有限公司 230100123456666							
收货人及纳税人识别号	东风电机冲片厂 320006110115687				发货人及纳税人识别号	东北电机有限公司 230100123456666		
起运地、经由、到达地	哈尔滨长江路至哈尔滨南风路							
费用项目及金额	费用项目 金额 费用项目 金额 运费 5 000.00				运输货物信息	变频电机 101		
合计金额	¥5 000.00	税率	10%	税额	500	机器编号	60230422	
价税合计（大写）	人民币伍仟伍佰元整				（小写）¥5 500.00			
车种车号		车船吨位			备注			
主管税务机关及代码		哈尔滨长江路国税局 4256728						

收款人：　　复核：李怡　　开票人：王红　　承运人（章）：

第三联　发票联　购买方记账凭证

附表 31　2/2

中国建设银行电子转账凭证

2020 年 08 月 31 日　　NO. 7392

付款人	全　称	东北电机有限公司	收款人	全　称	哈尔滨运达货运公司
	账　号	230100123456666		账　号	230100200007890
	开户银行	中国建设银行哈尔滨长江路支行		开户银行	中国建设银行南风路支行

人民币（大写）	千	百	十	万	千	百	十	元	角	分
伍仟伍佰元整				¥	5	5	0	0	0	0

备注：运费	付款人开户行盖章

32. 8 月 31 日，捐款。

附表 32 1/2

公益事业捐赠统一票据

UNIFIED INVOICE OF DONATION FOR PUBLIC WELFARE

国 财 00202　　2020 年 08 月 31 日　　No 1604601062

捐赠人 Donor：东北电机有限公司　　Y M D　　捐赠编号：112014000026683

捐赠项目 For purpose	实物（外币）种类 Material objects（Currency）	数量 Amount	金额 Total amount
捐赠款—希望小学建设	人民币		50 000.00
金额合计（小写）In Figures			50 000.00
金额合计（大写）In Words 伍万元整			

第二联 收据

接受单位（盖章）：Receiver's Seal　　复核人：杨琪 Verified by　　开票人：赵思明 Handling Person

中国青少年发展基金会 结算财务章

感谢您对公益事业的支持！Thank you for support of public welfare！

附表 32　2/2

中国建设银行（　　）
转账支票存根

$\frac{A}{0}\frac{B}{2}$ 52000130

附加信息

出票日期 2020年08月31日 收款人：中国青少年发展基金会	
金　额：¥50 000.00	
用　途：捐款	

单位主管：陈晓　　会计：李文

33. 8 月 31 日，计算本月短期借款利息。

附表 33

利息费用计算表

2020 年 08 月 31 日　　单位：元

计息基数	月利率	应计利息
300 000	0.5%	1 500

复核：陈晓　　制表：李文

34. 8 月 31 日，月末结转收入账户。

35. 8 月 31 日，月末结转费用账户。

二、参考答案（会计分录）

东北机电有限公司 2020 年 8 月发生如下经济业务：

1. 借：银行存款　　5 000 000（银收 1）
　　贷：实收资本　　5 000 000

2. 借：银行存款　　300 000（银收 2）
　　贷：短期借款　　300 000

3. 借：管理费用　　970（转 1）
　　贷：其他应收款——邓旭佳　　970
　借：库存现金　　30（现收 1）
　　贷：其他应收款——邓旭佳　　30

4. 借：应付账款——维赛轴承有限公司　　50 000（银付 1）
　　贷：银行存款　　50 000

5. 借：银行存款　　200 000（银收 3）
　　贷：应收账款——德奥动力有限公司　　200 000

6. 借：库存现金　　2 000（银付 2）
　　贷：银行存款　　2 000

7. 借：应付职工薪酬——工资　　500 000（银付 3）
　　贷：银行存款　　500 000

8. 借：固定资产　　200 000　（银付 4）
　　应交税费——应交增值税（进项税额）　　32 000
　　贷：银行存款　　232 000

9. 借：应交税费——应交增值税　　103 539.75（银付 5）
　　　　——应交所得税　　42 243.2
　　　　——应交城市建设维护税　　7 247.78
　　　　——应交教育费附加　　3 106.19
　　　　——应交地方教育费附加　　2 070.80
　　贷：银行存款　　158 207.72

10. 借：在途物资——轴承　　300 000（转 2）
　　　　——转子　　160 000

应交税费——应交增值税（进项税额）　73 600
贷：应付账款——东风电子冲片厂　533 600

11. 借：在途物资——轴承　1 800　（银付 6）
——转子　1 200
应交税费——应交增值税（进项税额）　300
贷：银行存款　3 300

12. 借：原材料——轴承　301 800（转 3）
——转子　161 200
贷：在途物资——轴承　301 800
——转子　161 200

13. 借：生产成本——变频电机 101 型　20 000（转 4）
贷：原材料——定转子冲片　5 000
——轴承　15 000

14. 借：其他应收款——颜新　3 000（现付 1）
贷：库存现金　3 000

15. 借：管理费用　1 000（现付 2）
贷：库存现金　1 000

16. 借：管理费用　5 000（银付 7）
应交税费——应交增值税（进项税额）　800
贷：银行存款　5 800

17. 借：制造费用　1 000（银付 8）
管理费用　1 000
应交税费——应交增值税（进项税额）　320
贷：银行存款　2 320

18. 借：应收账款——德奥动力设备公司　1 392 000（转 5）
贷：主营业务收入——102 变频电机　1 200 000
应交税费——应交增值税（销项税额）　192 000

19. 借：银行存款　464 000（银收 3）
贷：主营业务收入——101 变频电机　400 000
应交税费——应交增值税（销项税额）　64 000

20. 借：银行存款　　1 392 000（银收 4）
　　贷：应收账款——德奥动力设备公司　　1 392 000

21. 借：营业外支出　　1 000（现付 3）
　　贷：库存现金　　1 000

22. 借：银行存款　　60 000（银收 5）
　　贷：营业外收入　　60 000

23. 借：生产成本——变频电机 101 型　　160 000（转 6）
　　　　　　　——变频电机 102 型　　240 000
　　制造费用　　120 000
　　管理费用　　60 000
　　销售费用　　40 000
　　贷：应付职工薪酬——工资　　620 000

24. 借：制造费用　　85 500（转 7）
　　管理费用　　21 532. 5
　　销售费用　　4 779. 25
　　贷：累计折旧　　111 811. 75

25. 借：生产成本——变频电机 101 型　　10 500（银付 8）
　　　　　　　——变频电机 102 型　　11 550
　　制造费用　　3 200
　　管理费用　　2 400
　　销售费用　　800
　　应交税费——应交增值税（进项税额）　　4 552
　　贷：银行存款　　33 002

26. 借：无形资产——非专利技术　　30 000（银付 9）
　　应交税费——应交增值税（进项税额）　　1 800
　　贷：银行存款　　31 800

27. 借：银行存款　　69 600（银收 6）
　　贷：其他业务收入　　60 000
　　　　应交税费——应交增值税（销项税额）　　9 600

28. 借：主营业务成本　　800 000（转8）
　　贷：库存商品——变频电机101型　　200 000
　　　　　　　　——变频电机102型　　600 000

29. 借：其他业务成本　　55 000（转9）
　　贷：原材料——定转子冲片　　55 000

30. 借：销售费用　　6 000（银付10）
　　应交税费——应交增值税（进项税额）　　360
　　贷：银行存款　　6 360

31. 借：销售费用　　5 000（银付11）
　　应交税费——应交增值税（进项税额）　　500
　　贷：银行存款　　5 500

32. 借：营业外支出　　50 000（银付12）
　　贷：银行存款　　50 000

33. 借：财务费用　　1 500（转10）
　　贷：应付利息　　1 500

34. 借：主营业务收入　　1 600 000（转11）
　　其他业务收入　　60 000
　　营业外收入　　60 000
　　贷：本年利润　　1 720 000

35. 借：本年利润　　1 055 981.75（转12）
　　贷：主营业务成本　　800 000
　　　　其他业务成本　　55 000
　　　　管理费用　　91 902.5
　　　　销售费用　　56 579.25
　　　　财务费用　　1 500
　　　　营业外支出　　51 000

三、单个阿拉伯数字练习表

姓名：____________________

1										2										3										4									
千	百	十	万	千	百	十	元	角	分	千	百	十	万	千	百	十	元	角	分	千	百	十	万	千	百	十	元	角	分	千	百	十	万	千	百	十	元	角	分
1	2	3	4	5	6	7	8	9	0	1	2	3	4	5	6	7	8	9	0	1	2	3	4	5	6	7	8	9	0	1	2	3	4	5	6	7	8	9	0

姓名：____________________

1										2										3										4									
千	百	十	万	千	百	十	元	角	分	千	百	十	万	千	百	十	元	角	分	千	百	十	万	千	百	十	元	角	分	千	百	十	万	千	百	十	元	角	分
1	2	3	4	5	6	7	8	9	0	1	2	3	4	5	6	7	8	9	0	1	2	3	4	5	6	7	8	9	0	1	2	3	4	5	6	7	8	9	0

姓名：____________________

1										2										3										4									
千	百	十	万	千	百	十	元	角	分	千	百	十	万	千	百	十	元	角	分	千	百	十	万	千	百	十	元	角	分	千	百	十	万	千	百	十	元	角	分
1	2	3	4	5	6	7	8	9	0	1	2	3	4	5	6	7	8	9	0	1	2	3	4	5	6	7	8	9	0	1	2	3	4	5	6	7	8	9	0

姓名：______________________

1										2										3										4									
千	百	十	万	千	百	十	元	角	分	千	百	十	万	千	百	十	元	角	分	千	百	十	万	千	百	十	元	角	分	千	百	十	万	千	百	十	元	角	分
1	2	3	4	5	6	7	8	9	0	1	2	3	4	5	6	7	8	9	0	1	2	3	4	5	6	7	8	9	0	1	2	3	4	5	6	7	8	9	0

姓名：____________________

1										2										3										4									
千	百	十	万	千	百	十	元	角	分	千	百	十	万	千	百	十	元	角	分	千	百	十	万	千	百	十	元	角	分	千	百	十	万	千	百	十	元	角	分
1	2	3	4	5	6	7	8	9	0	1	2	3	4	5	6	7	8	9	0	1	2	3	4	5	6	7	8	9	0	1	2	3	4	5	6	7	8	9	0

姓名：________________

1										2										3										4									
千	百	十	万	千	百	十	元	角	分	千	百	十	万	千	百	十	元	角	分	千	百	十	万	千	百	十	元	角	分	千	百	十	万	千	百	十	元	角	分
1	2	3	4	5	6	7	8	9	0	1	2	3	4	5	6	7	8	9	0	1	2	3	4	5	6	7	8	9	0	1	2	3	4	5	6	7	8	9	0

姓名：____________________

1										2										3										4									
千	百	十	万	千	百	十	元	角	分	千	百	十	万	千	百	十	元	角	分	千	百	十	万	千	百	十	元	角	分	千	百	十	万	千	百	十	元	角	分
1	2	3	4	5	6	7	8	9	0	1	2	3	4	5	6	7	8	9	0	1	2	3	4	5	6	7	8	9	0	1	2	3	4	5	6	7	8	9	0

姓名：______________________

1										2										3										4									
千	百	十	万	千	百	十	元	角	分	千	百	十	万	千	百	十	元	角	分	千	百	十	万	千	百	十	元	角	分	千	百	十	万	千	百	十	元	角	分
1	2	3	4	5	6	7	8	9	0	1	2	3	4	5	6	7	8	9	0	1	2	3	4	5	6	7	8	9	0	1	2	3	4	5	6	7	8	9	0

姓名：________________

1										2										3										4									
千	百	十	万	千	百	十	元	角	分	千	百	十	万	千	百	十	元	角	分	千	百	十	万	千	百	十	元	角	分	千	百	十	万	千	百	十	元	角	分
1	2	3	4	5	6	7	8	9	0	1	2	3	4	5	6	7	8	9	0	1	2	3	4	5	6	7	8	9	0	1	2	3	4	5	6	7	8	9	0

姓名：________________

1										2										3										4									
千	百	十	万	千	百	十	元	角	分	千	百	十	万	千	百	十	元	角	分	千	百	十	万	千	百	十	元	角	分	千	百	十	万	千	百	十	元	角	分
1	2	3	4	5	6	7	8	9	0	1	2	3	4	5	6	7	8	9	0	1	2	3	4	5	6	7	8	9	0	1	2	3	4	5	6	7	8	9	0

参考文献

1. 《财政部》，《会计基础工作规范》，中国财政经济出版社，2016 年版。
2. 杨明等主编，《会计学原理》，中国财政经济出版社，2014 年版。
3. 陈晓丹等主编，《基础会计》，中国财政经济出版社，2015 年版。
4. 陈晓丹等主编，《基础会计习题与实训》，中国财政经济出版社，2015 年版。
5. 蒙丽珍等主编，《会计学基础实训教程》，人民邮电出版社，2013 年版。
6. 李占国主编，《基础会计学专项实训与习题集（第三版）》，高等教育出版社，2017 年版。